心一堂彭措佛緣叢書・索達吉堪布仁波切譯著文集

普賢行願品講記

堪布索達吉仁波切　講解

書名：普賢行願品講記
系列：心一堂彭措佛緣叢書 • 索達吉堪布仁波切譯著文集
講解：索達吉堪布仁波切
責任編輯：陳劍聰

出版：心一堂有限公司
地址/門市：香港九龍尖沙咀東麼地道六十三號好時中心LG六十一室
電話號碼：+852-6715-0840　+852-3466-1112
網址：www.sunyata.cc　publish.sunyata.cc
電郵：sunyatabook@gmail.com
心一堂 彭措佛緣叢書論壇：　http://bbs.sunyata.cc
心一堂 彭措佛緣閣：　　　http://buddhism.sunyata.cc
網上書店：　　　　　　　http://book.sunyata.cc

香港及海外發行：香港聯合書刊物流有限公司
地址：香港新界大埔汀麗路三十六號中華商務印刷大廈三樓
電話號碼：+852-2150-2100
傳真號碼：+852-2407-3062
電郵：info@suplogistics.com.hk

台灣發行：秀威資訊科技股份有限公司
地址：台灣台北市內湖區瑞光路七十六巷六十五號一樓
電話號碼：+886-2-2796-3638
傳真號碼：+886-2-2796-1377
網絡書店：www.bodbooks.com.tw
台灣讀者服務中心：國家書店
地址：台灣台北市中山區松江路二〇九號一樓
電話號碼：+886-2-2518-0207
傳真號碼：+886-2-2518-0778
網絡網址：http://www.govbooks.com.tw/

中國大陸發行 • 零售：心一堂 • 彭措佛緣閣
深圳地址：中國深圳羅湖立新路六號東門博雅負一層零零八號
電話號碼：+86-755-8222-4934
北京流通處：中國北京東城區雍和宮大街四十號
心一店淘寶網：http://sunyatacc.taobao.com/

版次：二零一五年九月初版，平裝

定價：　港幣　　　九十八元正
　　　　新台幣　　三百九十八元正

國際書號 ISBN 978-988-8316-42-7

目錄

普賢行願品講記

目錄

第一課

從今天開始，我們學習《普賢行願品》。對我個人來講，雖然每天都要念誦這部經典，現在已經念了二十多年了，可是只用藏語講過一遍，還從來沒用漢語講過。這次有機會講《普賢行願品》，我自己感覺非常開心，因為人生是無常的，這是第一次給大家講《普賢行願品》，也許就是最後一次講。這次講《普賢行願品》，也算是落實以前的發願，因為我曾經發願要講淨土五經，你們很多人也發願要聽淨土五經。通過這次的學習，大家也要發願將來現前《普賢行願品》中所說的功德。

提起《普賢行願品》，大家應該不會陌生，這是一部在漢傳佛教和藏傳佛教備受重視的經典。不過，雖然《普賢行願品》廣為人知，但由於它的內容非常深奧，它是普賢菩薩安住於佛境界所說的發願文，所以很多人都不懂它的意義。通過這次學習，希望大家至少能從字面上理解其意義，以後念誦時可以隨文作觀，這樣功德就很不可思議了。

在正式講課之前，我先介紹一些相關的知識。《普賢行願品》出自《華嚴經》，在漢地歷史上，《華嚴經》共有三個譯本——《六十華嚴》、《八十華嚴》和《四十華嚴》。《六十華嚴》為東晉時所譯，譯師是佛馱跋陀羅，全經共有六十卷，這個譯本中沒有《普賢行

願品》①。《八十華嚴》為唐代武則天時期所譯，譯師是實叉難陀，全經共有八十卷，這個譯本中也沒有《普賢行願品》。說起武則天，這是一個重視佛法的女皇帝。《八十華嚴》就是她派人從于闐國請來並翻譯的。武則天造過著名的《開經偈》：「無上甚深微妙法，百千萬劫難遭遇，我今見聞得受持，願解如來真實義。」我最初看到這個偈頌時內心有一種不同尋常的感受，用密宗的話講叫覺受，用顯宗的話講叫感應，用世間的話講叫感覺，從那以後我每天講課前都要念這個偈頌。這種藏漢結合的念誦方式既不是純粹的藏地傳法風格，也不是純粹的漢地傳法風格，算是我的獨特風格吧。《四十華嚴》也是在唐代翻譯的，它是由罽賓國三藏般若所譯，全經共有四十卷，這個譯本末尾有《普賢行願品》。

　　《普賢行願品》是佛教的發願之王，《華嚴經》的所有內容可以圓滿歸攝於其中，因此人們又稱其為「小華嚴經」。其實《普賢行願品》並不是佛宣說的，它是普賢菩薩為善財童子宣說的，因此它屬於佛加持所成的佛經。善財童子是古印度福城人，他出生後家中湧現各種奇珍異寶，所有的倉庫都盈滿資財，以此因緣，父母、親屬、相師都給他取名為「善財」。當文殊菩薩來到福城東方的古佛廟時，善財和五百童子去參禮文殊菩

---

①佛馱跋陀羅曾翻譯過《文殊師利發願經》，這其實是《普賢行願品》的另譯本，內容與《普賢行願品》基本相同，只是末尾略有差別。

薩。依靠文殊菩薩的教言，善財發起了無上菩提心。之後，善財又問文殊菩薩如何行持六度萬行。文殊菩薩告訴善財童子，要行持六度萬行，首先應該依止善知識。在文殊菩薩指點下，善財童子到南方去尋訪善知識，這就是所謂的五十三參。參訪五十三位善知識後，文殊菩薩遙伸右臂為善財摸頂加持，令他獲得無量功德並進入普賢菩薩的壇城。在普賢菩薩的壇城中，三千大千世界微塵數的善知識呈現在善財眼前。最後，善財見到了普賢菩薩，普賢菩薩以長行文的方式為他宣說了十大願王，並誦出《普賢行願品》的偈頌。

　　《普賢行願品》非常甚深，對凡夫人來說，要在心中真實呈現它的內容是很困難的，所以我們在很多時候只能以隨學的方法發願：普賢菩薩怎樣發願，文殊菩薩怎樣發願，我也如是發願。雖然從嚴格來講，要真正發起普賢行願是登地後的事，要圓滿實現普賢行願只有到佛地，但我們現在可以信解心來發願。現在有些家長讓孩子讀《弟子規》，如果孩子能將《弟子規》背得非常熟，長大以後就可以運用自如。同樣，如果現在按照《普賢行願品》發願，當我們的境界越來越高的時候，願文的內容就能在自己的境界中現前。

　　法王如意寶特別重視《普賢行願品》。1987年他老人家去五台山發願是念《普賢行願品》，1990年去印度金剛座發願是念《普賢行願品》，在學院每天講完課也

是念《普賢行願品》作迴向。不僅法王如意寶，我們學院每位法師講完課都是念《普賢行願品》作迴向。我們學院開任何法會也要念《普賢行願品》作迴向。我自己也是如此，從1985年到現在有二十八年了，這麼多年以來每天都念一遍《普賢行願品》。在我的印象裡，只有幾次外出時耽誤了一兩天的念誦，但事後我很快就補上了。去年有一段時間，我和大家共修《普賢行願品》，當時我要求維那師統計：每天念一遍《普賢行願品》，看什麼時候能念完一百遍。結果三個多月下來，我們共修了十萬遍《普賢行願品》。

很多高僧大德異口同聲地說，《普賢行願品》是往生極樂世界的最勝發願文，所有諸佛菩薩的發願都可以包括在其中。自古以來，《普賢行願品》就廣為佛教徒受持。《開元釋教錄》記載，印度的佛教徒經常念誦此經來發願。在藏地，任何教派的任何一座寺院都念誦《普賢行願品》。漢地也是如此，不管出家人還是在家人，都經常念誦《普賢行願品》。因此，大家要對此法有信心，每天要不間斷地念誦。

前幾天本煥老和尚圓寂了，本老一生最重視的就是《普賢行願品》。早年在五台山時，本老曾經刺血抄過很多佛經，但是在文革期間其他血經都散失了，只有一本《普賢行願品》留了下來。幾年前我曾去深圳弘法寺拜見本老，本老送給我一本他血書的《普賢行願品》，

當時我生起了極大信心。現在看起來，也許這就是弘揚此經的一種緣起吧。

作為高僧大德的隨學者，我們也應該重視《普賢行願品》，要將《普賢行願品》作為自己終生受持的法。當然，在受持《普賢行願品》的過程中，不僅口中要念誦經文，內心還要通達其意義，至少要知道字面意義。雖然僅僅念誦《普賢行願品》也有極大功德，但如果我們能夠理解其意義，在此基礎上念誦功德就更大了。

全經分三：一、首義；二、經義；三、末義。

甲一（首義）分二：一、經題；二、譯者。

乙一、經題：

《大方廣佛華嚴經.入不思議解脫境界普賢行願品》

「大方廣佛華嚴經」是經名，這是釋迦牟尼佛剛成道時所宣說的一部了義經典。

「入不思議解脫境界普賢行願品」是品名，意思是以普賢行願趣入不可思議的解脫境界。

所謂「不思議解脫境界」，就是遠離了煩惱障和所知障的究竟解脫境界。

所謂「普賢」，有兩種意思：第一種是八大菩薩中發願第一的普賢菩薩；第二種並非特指普賢菩薩，「普」意思是普遍，「賢」意思是善妙，「普賢」就是初中末都極為善妙。

普賢行願品講記

所謂「行願」，就是菩薩的行為和發願。對行菩薩道的人來說，行願不分是非常重要的。如果有行無願，則行為不會長久。在度化眾生過程中，如果只有暫時的行為而沒有恆常的發願，那很可能做一次度化眾生的事情後就徹底結束。如果有願無行，則願就會成為空願。雖然我們心裡很想成佛，可是如果從來不行持六度萬行，那願望也是不可能實現的。因此，學習《普賢行願品》後，我們要將發願和行為結合起來，二者缺一不可。對於諸佛菩薩的廣大利他行為，雖然我們現在不能如實做到，但只要每天不斷地發願，只要自己的發願不退，總有一天會做到這些行為。

乙二、譯者：

唐罽賓國三藏般若奉詔譯

　　這部經典是罽賓國精通三藏名叫般若的法師奉唐德宗之詔翻譯的。②

　　般若法師是北印度罽賓國人，他生於公元734年，從小就對佛法有信心，七歲時捨俗出家。出家後他首先依止聲聞乘上師學習《阿含經》、《阿毗達磨》等小乘經論，以後又在那爛陀寺依止大乘上師學習唯識、中觀等大乘佛法。般若曾於十八年中瞻禮印度各大聖地以及八大佛塔，後來到南印度受學五部密法。由於仰慕文殊菩

第
一
課

②在藏文譯本中，接下來還有譯師所做的頂禮句——頂禮文殊師利菩薩。

薩，般若發心朝禮漢地五台山，公元781年，他乘船抵達廣州，次年抵達唐都長安。在唐德宗的支持下，般若譯出《四十華嚴》、《大乘理趣六波羅蜜多經》、《大乘本生心地觀經》等經典。最後般若在中國圓寂，具體哪年圓寂不可知，但據資料記載，公元798年他還住世。

般若經過三年翻譯出了《四十華嚴》，對佛教做出了巨大貢獻。當時的皇帝唐德宗對他翻譯《華嚴經》特別支持，譯經期間唐德宗每天都去譯場一次，如果某天有事不能去，必定派人向譯師解釋。般若的譯文流暢優美，雖然《普賢行願品》有不少譯本③，但我認為般若的譯本最好。自從我和法王朝拜五台山後，學院有了第一批漢族道友，每天我上完課都帶著大家念漢文《普賢行願品》，這樣念了好幾年，後來不知道什麼時候改成念藏文了。

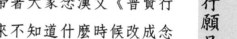

下面開始講經義。《普賢行願品》包括長行文和偈頌，但這次我們不講長行文，只講偈頌。《普賢行願品》的核心是十大願王：一者禮敬諸佛，二者稱讚如來，三者廣修供養，四者懺悔業障，五者隨喜功德，六者請轉法輪，七者請佛住世，八者常隨佛學，九者恆順眾生，十者普皆迴向。這十大願王如果發散出去，就是

③如東晉佛馱跋陀羅譯的《文殊師利發願經》、敦煌出土的《普賢菩薩行願王經》和《大方廣佛華嚴經菩薩行願王品》、唐代不空譯的《普賢菩薩行願讚》。

一切菩薩的十萬大願，如果歸攝起來，就是弘揚佛法和利益眾生。在接下來學習的過程中，希望大家好好體會這些意義。

甲二（經義）分三：一、前行七支供；二、正行廣大發願；三、後行以宣說功德而結尾。

乙一（前行七支供）分七：一、頂禮支；二、供養支；三、懺悔支；四、隨喜支；五、請轉法輪支；六、請佛住世支；七、迴向支。

七支供非常重要。要真正發起普賢行願，首先必須以七支供來積累資糧、淨除罪障。此外，不管修顯宗還是密宗的任何法，都離不開以七支供來積資淨障。

丙一（頂禮支）分二：一、略說；二、廣說。

丁一、略說：

> 所有十方世界中，三世一切人師子，
>
> 我以清淨身語意，一切遍禮盡無餘。

所有十方世界過去現在未來的一切人師子，我都以清淨身語意對其恭敬頂禮。

十方是四方、四隅以及上方、下方，三世是過去、現在以及未來，法界中無有不被十方三世所攝之時空。按照這個偈頌的要求，我們頂禮的不只是釋迦牟尼佛、阿彌陀佛或者寶髻佛等個別佛，而是法界中十方三世一切佛。

「人師子」是佛的稱號，因為佛在人當中最為超勝，

不管在慈悲、智慧、力量等哪方面，都無人能超過佛，猶如獅子在百獸當中最為勇猛，因此佛可以稱為人中獅子。

我們之所以要頂禮佛，是因為佛具有世間眾生無法比擬的功德。《往生淨土決疑論》中說：「如來妙色身，世間無與等，無比不思議，是故今頂禮。」世間任何眾生的色身與如來的微妙色身都無法相比，如來的慈悲、智慧等功德也是任何眾生無法比擬的，因此，我們應該對如來（甚至如來的像）作頂禮。

此處說以身語意頂禮諸佛。什麼是以身進行頂禮？即磕長頭或者磕短頭。從廣義上講，甚至問訊、合掌也包括在身頂禮中。什麼是以語進行頂禮？即以恭敬心念誦祈禱文或者讚頌文。從廣義上講，平時說話時讚歎佛也屬於語頂禮。什麼是以意進行頂禮？即作意、觀想如來，比如思維佛在因地怎樣度化眾生，成佛後又具足什麼功德。

只要對佛有歡喜心、恭敬心，不管作身頂禮、語頂禮還是意頂禮，都有極大功德。我經常有這種情況：假使某天自己沒有講課，也沒有做其他善法，只要念一遍《普賢行願品》，我就會有一種安慰感：今天我的生命是有意義的，因為我念了《普賢行願品》，雖然沒有認真觀想，只是口頭上念了，這也算對佛語頂禮，這也有很大功德。

在念這個偈頌時，大家應該反反覆覆觀想：東方無量佛剎中有無量如來，南方無量佛剎中有無量如來……過去出世過無量如來，現在有無量如來住世，未來還會

普賢行願品講記

有無量如來出世，我以清淨身語意對所有這些如來恭敬頂禮。這個偈頌只需要幾秒鐘就能念完，如果自己在念誦時能隨文作觀，一定會獲得不可思議的功德。

丁二（廣說）分三：一、身頂禮；二、意頂禮；三、語頂禮。

戊一、身頂禮：

> 普賢行願威神力，普現一切如來前，
> 一身復現剎塵身，一一遍禮剎塵佛。

以普賢行願的威神力，在自己心前顯現一切佛剎微塵數如來，自己的一個身體化現為一切佛剎微塵數身體，一一身體遍禮一切佛剎微塵數如來。

所謂「普賢行願威神力，普現一切如來前」，有兩種理解方式：一、按照龍樹菩薩和世親論師的解釋，意思是，依靠普賢菩薩行願的威神力，在我面前顯現無量如來。④二、按其他論師的觀點，所謂「普賢」即「一切善妙」，即以一切善妙行願的威神力，在我面前顯現無量如來。在這裡我們主要按照龍樹菩薩和世親論師的觀點來理解。

佛經中有許多關於禮佛功德的教證。《增一阿含經》云：「承事禮佛有五事功德，云何為五？一者端

④這個道理就像《觀經》所說一樣，「然彼如來宿願力故，有憶想者必得成就。」意思是，依靠阿彌陀佛的願力，只要我們能憶念、觀想，阿彌陀佛就會現於自己面前。

10

正。二者好聲。三者多財饒寶。四者生長者家。五者身壞命終，生善處天上。」《毗奈耶經》云：「對佛陀作一次頂禮，可獲得從自己身體下方乃至金剛大地間所有微塵數的轉輪王果位。」從這些教證可以推知，既然對一位如來作一次頂禮都有極大功德，那按照《普賢行願品》的要求，在無數如來面前以無數身體頂禮，這個功德就更不可思議了。這個功德唯有佛才可以測度，連大菩薩都無法了知其邊際，更何況凡夫人了。

學習這個偈頌後，大家每天在念誦時要隨文作觀，如果心裡什麼都不想，只是有口無心地念，這樣功德是不圓滿的。平時在作頂禮時，也可以這樣觀想，比如在修五加行時，就可以一邊觀想一邊頂禮。

據有些大德的說法，對佛的身頂禮分為三種：上根者以證悟而頂禮，中根者以觀修而頂禮，下根者以身體力行而頂禮。本偈頌屬於中根者的頂禮方式。

戊二、意頂禮：

> 於一塵中塵數佛，各處菩薩眾會中，
>
> 無盡法界塵亦然，深信諸佛皆充滿。

一個微塵中有一切佛剎微塵數的佛，每一位佛都安住在菩薩眾會中⑤，無盡法界中的每個微塵都是如此，我

---

⑤所有如來都具足圓滿的眷屬，如我等大師釋迦牟尼佛成道後經常被身子羅睺羅、語子舍利弗等聲聞、意子文殊師利等菩薩圍繞。

深信每個微塵中都充滿一切佛剎微塵數的佛。

對佛的意頂禮有三種：一、聽別人說佛很好後，沒有理由地產生信心，這屬於下等意頂禮；二、通過了知佛的功德，生起不退轉的信心，這屬於中等意頂禮；三、通過修持佛法，安住於佛的境界中，這屬於上等意頂禮。

此處的「於一塵中塵數佛」是淨見量的境界，具足較高境界的人才能領會，一般人根本理解不了，聽到這種說法，很多人可能會疑惑：在一個小小的微塵中有好多佛擠在一起，這不可能吧？在一個微塵上不要說容納無數佛，連無數小蟲也擠不下吧？其實，如果大家好好看《華嚴經》，就會對此處所說的道理深信不疑。今年晚些時候我準備講《大幻化網》的見解部分，學習了密宗的清淨見以後，再看這個偈頌就會有感覺了。

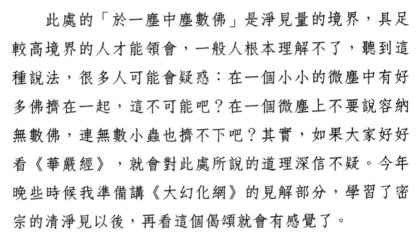

佛法的高深境界和凡夫的認識相距甚遠。《華嚴經》云：「佛身充滿於法界，普現一切眾生前。」而凡夫人卻認為：阿彌陀佛遠在西方極樂世界，釋迦牟尼佛也已經圓寂了，所以現在沒有佛。密宗說：「自己的五蘊就是五佛」，而不懂清淨見的人卻以為這是在身上紋佛像。如果有人對這些道理有懷疑，最好多看大乘的了義經論，尤其要研究密宗的清淨見。

總而言之，當我們有了等淨無二的境界時，用現在的話說，就是當我們領會了普賢菩薩思想時，才能做到此處所說的意頂禮。雖然現在很多人達不到這種境界，

但只要經常以恭敬心和信心念誦《普賢行願品》並且隨文觀想，到一定時候，自己的凡夫心就會與諸佛菩薩的智慧融為一體，就會對大乘的了義觀點有深刻體會。在此基礎上繼續修行，當自己證得一地菩薩果位時，就會真實現前這些境界。

戊三、語頂禮：

> 各以一切音聲海，普出無盡妙言辭，
> 盡於未來一切劫，讚佛甚深功德海。

每個身體各以舌根發出無量音聲海，每一音聲發出無盡的美妙言辭，在盡於未來一切劫的漫長時間中讚歎一切諸佛的甚深功德海。

什麼是語頂禮呢？如果一個人對上師諸佛菩薩有恭敬心，他就會經常讚歎上師諸佛菩薩，這種讚歎就是語頂禮。

在《普賢行願品》中，經常用大海來比喻。對於佛法所說的不可思議數目、廣度、深度，用大海比喻是非常恰當的。

《普賢行願品》所說的語頂禮非常殊勝：從能讚歎的語言來看，是六十種美妙梵音所宣說的無量言辭；從讚歎的時間來看，是從現在到未來的一切劫；從讚歎的對境來看，是如來因地的六度萬行，以及果地的十力、四無畏、十八不共法等一切功德。

普賢行願品講記

人們一般認為只有身體才能頂禮，但實際上語言也能頂禮，讚歎佛的功德就是語頂禮。如果我們經常讚佛，會自然而然現前很多功德。《大智度論》中說：「讚佛功德時，令人煩惱薄，以此功德故，結盡諸垢滅。」當然，讚佛不僅是念讚佛偈，念誦《普賢行願品》等大乘經典也是讚佛。

有些人會想：聖者當然能夠做到以無量言辭讚歎無量諸佛，但我們現在能做到嗎？可以。現在科技很發達，通過電腦技術可以將一個讚佛的音頻轉換成許多音頻，可以將一個佛像轉化出許多佛像，這樣一來，就做到了以無量聲音讚歎無量諸佛。所以，依靠現代科技的方便，華嚴的許多玄妙境界是可以實現的。

心的功能是很奇妙的。在繁星密布的夜晚，我們在地上放一碗淨水，夜空中的群星都能呈現在水中；同樣，我們的心就像一碗水，只要以清淨心觀想，諸佛也能呈現在「這碗水」當中。通過這個簡單的比喻，大家應該能明白修持普賢行願的原理。

在今天這堂課上，我們首先略說了身語意頂禮諸佛，接著廣說了身語意如何頂禮諸佛。懂得這些道理以後，大家要經常以身語意頂禮諸佛，念誦這些偈頌時也要隨文作觀。

第一課

第二課

　　學習了《普賢行願品》以後，大家在念誦時要會觀想其意義。我想，除了個別觀想能力特別差的人，大部分人通過學習都應該會觀想。這次講《普賢行願品》，我主要在字面上作簡單介紹，遇到重要問題也順便作一些發揮。從表面上看，我們每天都念《普賢行願品》，詞句和內容應該很好解釋，但真要解釋起來並不是那麼容易，所以大家對於每天學的頌詞至少要會從字面上解釋，尤其法師和輔導員以後要給別人傳講《普賢行願品》，這些人更要認真學習。

　　現在我講課在網上有直播，學院內外的人都能得到傳承，不過我發現與學院裡的人相比，外面聽《普賢行願品》的人比較多，而聽《釋量論》的人則比較少，也許《釋量論》比較難，所以有些人一次聽不懂就不想聽了。當然這也很好，聽《普賢行願品》確實很重要，我們不管放生、上課還是開法會都要念《普賢行願品》，如果連《普賢行願品》的意思都搞不懂，在念的時候就無法隨文作觀。所以通過這次學習，每個人都要懂得《普賢行願品》的意義。下面開始講經。

　　當見到有信心的上師時，我們首先會作頂禮，然後再作供養。對諸佛菩薩也是如此，首先應該頂禮，然後

普賢行願品講記

再作供養，因此，在七支供中，首先是頂禮支，接下來是供養支。

丙二（供養支）分二：一、有上供養；二、無上供養。

丁一、有上供養：

所謂有上供養，即供養人間天界能得到的供品。這些供品的種類非常多，此處代表性地宣說一部分。

> 以諸最勝妙華鬘，伎樂塗香及傘蓋，
> 如是最勝莊嚴具，我以供養諸如來。

以最殊勝莊嚴的妙花、花鬘、伎樂⑥、塗香⑦以及傘蓋，如是種種最勝莊嚴的資具，我以恭敬心供養一切如來。

供佛的物品必須是最殊勝、最美妙、最上等的，不能用枯萎的花、腐爛的食物等不清淨的東西作供養。對於什麼供品最好，各人的標準不盡相同，但一般而言，如果你自己覺得什麼東西最好，就可以用其作供養。比如你認為草原上盛開的五顏六色的野花最好，那你就用這種花來作供養。此外，在供養的時候，不僅供品要種類多、質量好，而且供品的陳設也要極其美觀。

第二課

---

⑥伎樂：音樂舞蹈。
⑦塗香：塗抹在身體上的香，如香水。

如果自己有條件，要將最殊勝、最莊嚴的資具供養諸佛；如果沒有條件，也可以觀想將人間天界的一切供品，比如輪王七寶、八吉祥、五供等供養諸佛[8]。

在作供養過程中，除了要力所能及地供養各種供品，更重要的是心要清淨。如果沒有吝嗇、嫉妒、競爭等染污的心態，即便對如來供養一朵花、一支香等微少供品，也會有無量的功德。

供佛的目的是什麼？從根本上講，是為了獲得佛的智慧。《月燈三昧經》中說：「所有諸花鬘，一切香衣服，悉持供養佛，為求佛智故。」因此，在供養花鬘、妙香、衣服等資具時，我們要發願：以此功德，願自他一切有情早日出離輪迴，獲得無上圓滿正等覺果位，現前佛的如所有智和盡所有智。

在末法時代，雖然我們見不到相好莊嚴的真佛，但還有機會見到佛像，按《毗奈耶經》的說法，供養佛與供養佛像沒有區別，所以大家要多在佛像前作供養。

有些佛教徒對於修持心性、安住見解等勝義善根比較重視，對於供佛、持戒等世俗善根卻不重視，其實這是一種偏頗的行為。不管在印度、藏地還是漢地，都出現過很多不可思議的高僧大德，從這些高僧大德的傳記來看，當證悟境界越高時，他們對於世俗善根也越重

---

[8]從密宗的觀點來看，上述這些屬.外供養，在按照密宗的要求作供養時，除了作外供養，還要作內供養和密供養。

教的行為完全變成市場化，那就不太好了。

3.燈燭

所供養的燈應該是各種各樣並且極其廣大。長行文中說：「然種種燈，酥燈、油燈、諸香油燈，一一燈炷如須彌山，一一燈油如大海水。以如是等諸供養具，常為供養。」

總而言之，在作供養的時候，不僅供品在顏色、形狀、品質等方面要最殊勝，而且供品的陳設也要莊嚴，要讓人一看就生歡喜心。在此過程中，如果自己有經濟條件，供品當然是多多益善，如果沒有經濟條件，也可以作意幻供養。

供佛非常重要。漢傳佛教的寺院在這方面做得特別好。不管哪個大寺院，供花、供香、供果的人都很多，而且受藏傳佛教的影響，供燈的人也越來越多，許多燈器也是藏式的。但現在供水的人還不多，以後漢地佛教徒還應該多供水。因為有關經論中講得很清楚，在佛前陳設花、香、神饈、燈、水這五種供品非常重要。法王如意寶一生最重視的就是《普賢行願品》，他要求念誦《普賢行願品》時必須結合五供。老道友們都有印象：每天法王講課前，僧眾們一邊念《普賢行願品》一邊放悅耳的音樂，同時還要供養燈、香、花、水、神饈。現在上師圓寂快九年了，我們學院念《普賢行願品》時還在不斷地作五供。希望漢地佛友們今後念《普賢行願

品》時也結合五供。

　　現在的人學佛違緣比較多，有些人甚至沒辦法在家裡供佛。這些人以後可以到我們的網上佛堂作供養，這樣既可以積累功德，也不需要請人做佛堂。現在很多年輕人特別可憐，他們白天黑夜沉溺在網上，在虛擬世界中跟別人打打殺殺，做很多非法的事情。有時候想起來，古時候科技雖然沒有現在這樣發達，古人吃穿也不像現在這樣好，但那個時候人心比較清淨，也沒有很多令人墮落的因。而現在則不同了，隨著科技的發展，網絡、手機等令人墮落的因緣層出不窮。因此，如果要使用現代科技的方便，大家應該將其用於善法方面。

　　供佛功德非常大。《釋迦譜》中說：「於諸福田中，佛福田為最，若欲求大果，當供佛福田。」在《妙法蓮華經》中，也講了許多供佛的功德。獲得人身非常不容易，如今我們已經獲得了人身，而且現在供佛非常方便，請一尊佛像沒什麼困難，所以大家應該多供佛。文革期間，在藏地人們連一串念珠都不敢露出來，如果誰家被查出來有佛像，馬上就會受到嚴懲，而現在時代不同了，對宗教沒有那麼嚴的控制，作為佛教徒，應該利用各種方便積累資糧。

　　有些佛教徒在這方面做得很不錯，雖然他們很難全身心地投入修行，但對於供燈等善法很有信心。自從我傳講《入菩薩行論》以來，全國各地供燈的人越來越

多，有些居士團體一年要供好幾萬盞燈。有這麼多眾生供養福田，這也是三寶的加持吧，這種現象非常可喜。我們確實不應該輕視世俗的善根，即使自己修行境界再高，也不能中斷供養三寶。

我經常想：以前法王如意寶在世時，每天不間斷地帶領弟子念誦《普賢行願品》，作為上師的傳承弟子，我們應該繼續這種高尚的行為。我也很欣慰地看到，很多在我們學院待過的出家人和居士回到各自的地方後，都力所能及地發動大眾念誦《普賢行願品》。

在這個時代，人們很容易接受像《普賢行願品》這樣的法門，而中觀、因明、般若等法門則很難被人們接受。以我自己的經驗看，我的專業本來是中觀、因明、般若、密法，大部分時間都花在了這方面，但現在看起來，我的專業經常用不上。就像很多大學生一樣，他們的專業本來是計算機，畢業後卻進入其他行業。（在這方面我也很慚愧，雖然念了很多年《普賢行願品》，可是現在才第一次給大家講。很多道友也有這種傾向：有些人講起《俱舍論》精通無礙，講到中觀應成派和中觀自續派的觀點滔滔不絕，可是一講到實修法就沒話說了。）聽說學院有些道友出去時給居士講中觀、因明，雖然他們講得很精彩，可是百分之八九十的聽眾都在打瞌睡或者「坐飛機」。所以，眾生需要的是適合大多數人根機的法門。既然如此，在弘揚佛法過程中，我們就要善於觀察眾生的根機。《華嚴經》中說，

第二課

菩薩應當善巧了知眾生的根機意樂界性。否則，如果聽法者都是世俗諦的根機，只有法師是勝義諦的根機，法師即使把勝義諦講得再透徹，聽眾也無法接受。

丁二、無上供養：

所謂無上供養，即超越有上供養的供養，其實這就是法供養。

我以廣大勝解心，深信一切三世佛，

悉以普賢行願力，普遍供養諸如來。

我以廣大的勝解心⑨深信法界中的每一個微塵中都有無量諸佛，依靠普賢行願的威神力，我以各種供品普遍供養一切諸佛。

在作無上供養時，首先要安住三輪體空的境界，接著觀想自己面前安住著十方三世一切如來，然後觀想自己的身體幻化出無數普賢菩薩，從每一位普賢菩薩心間幻化出無數供養天女，每一個供養天女手持無量供品，前往各位如來面前作供養。這種觀想就是普賢雲供。

為什麼此處的供養叫無上供養？原因有二：

1.對一般人來說，具足廣大勝解心，安住三輪體空，觀想普賢雲供，這些都是不容易的，所以叫做無上供養。

---

⑨所謂廣大勝解心，即深信一塵中有一切如來。一般人很難有這種勝解心，只有具足菩薩境界或者中觀見解者才有這種勝解心。

2.具足廣大勝解心，安住三輪體空，觀想普賢雲供，這其實是在行持佛法，換句話說，這種供養屬於法供養，所以叫做無上供養。

在一切供養中，以法供養最為殊勝，智慧軍論師在《普賢行願品釋》中說：「世間有三種無上，何為三種無上？一者發菩提心，二者受持正法，三者依法修持。」長行文中也說：「善男子，諸供養中，法供養最。所謂如說修行供養、利益眾生供養、攝受眾生供養、代眾生苦供養、勤修善根供養、不捨菩薩業供養、不離菩提心供養。」

《阿含經》中記載，世尊圓寂前來到拘尸那城的娑羅雙樹下，世尊讓阿難敷設床座，然後頭朝北以獅子臥式吉祥而臥。當時有鬼神以妙花散於佛身。世尊告訴阿難：「這是鬼神對我的供養，但這不是真正的供養如來。」阿難問：「什麼才是供養如來？」世尊回答說：「如果有人能受持佛法、行持佛法，這才是供養如來。」世尊接著說了一個偈子：「紫金華如輪，散佛未為供，陰界入無我，乃名第一供。」（以大如車輪般的紫金色妙花散於佛身，這不算對如來的最上供養，只有證悟了五蘊、十八界、十二處無我，這才叫第一供養。）

有人曾經問我：某上師對我恩德非常大，怎樣才能報答他的恩德？我說：要報答上師的恩德，不一定非要供養幾朵花、一條哈達或者一點人民幣，最好是行持佛

第二課

法、弘揚佛法。現在很多人不懂這個道理，為了報答上師的恩德而供養很多錢，可是這些錢背後摻雜了其他目的，結果導致了很多痛苦。比如，某人給上師供養了一筆錢財，當上師後來對他態度不好時，他就會想：我供養了那麼多錢，怎麼上師對我不好啊？相比之下，因為不附帶其他條件，所以法供養不會導致痛苦。比如今天我以背誦一部論典供養上師，這就不會有任何後患。對上師來說，這種供養也是最歡喜的。為什麼說財供養不是最好的供養，法供養才是最好的供養，原因就在於此。因此，如果有人想報答上師的恩德，就要好好聞思修佛法並且弘揚佛法。

如果有些人暫時無法做到這個偈頌的要求——具足廣大勝解心、安住三輪體空、觀想普賢雲供，那就應該盡心盡力受持佛法，這種供養是諸佛最歡喜的，能很快圓滿無量資糧。

丙三、懺悔支：

> 我昔所造諸惡業，皆由無始貪瞋癡，
>
> 從身語意之所生，一切我今皆懺悔。

我過去所造的諸惡業都是由貪瞋癡引發、以身語意造作的，如是一切罪業今天都在諸佛面前發露懺悔。

不管什麼人，只要是流轉輪迴的凡夫，無始以來肯定造過惡業，即生中也造過各種惡業，既造過十不善業

丙四、隨喜支：

十方一切諸眾生，二乘有學及無學，

一切如來與菩薩，所有功德皆隨喜。

對於十方一切眾生、二乘的有學和無學聖者、如來、菩薩的所有功德，我發自內心地生起歡喜心。

隨喜是對他人所作的善根生起歡喜心。在隨喜的過程中，如果隨喜比自己境界高者，能得到他們功德的一部分，如果隨喜與自己境界相同者，能得到與他們相同的功德，如果隨喜比自己境界低者，能得到超勝對方的功德。

所謂二乘，是指聲聞和緣覺⑩。所謂有學和無學，是小乘聖者的分類，預流向、預流果、一來向、一來果、無來向、無來果、阿羅漢向屬於有學，阿羅漢果屬於無學。不僅小乘聖者，大乘聖者也分有學和無學，聖者菩薩屬於有學，佛屬於無學。看到有學和無學時，大家不要望文生義。以前有個人說：「所謂的有學，是有學問的知識分子；所謂的無學，是沒有學問的文盲。」這樣亂講是會鬧笑話的。以前我讀師範時有一個老師，那個老師心很好，他因為剛畢業留校，所以工作比較積極，不管白天講課還是晚上查寢室都特別認真。因為他過於認真了，惹得學生們不太高興，有些學生就在背後罵

---

⑩緣覺有兩種，部行獨覺和麟角喻獨覺，部行獨覺在因地修行時在僧團中生活，最後才獨自修行而悟道，麟角喻獨覺則不結伴侶，始終於山間林下獨自修行。

28

他是土包子。結果他查寢室時聽到了這些話，但是他把「土包子」聽成了「偷包子」。第二天，他在做早操時對學生們說：「昨天晚上你們有些人說我偷了你們的包子，我什麼時候偷過你們的包子，你們的包子是肉包子還是菜包子？」他的話惹得全班學生哈哈大笑。所以，你們也要搞清楚有學和無學，不要弄出笑話。

丙五、請轉法輪支：

十方所有世間燈，最初成就菩提者，

我今一切皆勸請，轉於無上妙法輪。

十方剎土的一切世間燈最初成就菩提時，我都殷勤勸請他們廣轉無上妙法輪。

世間燈是佛的稱號，因為佛能照亮眾生的心靈，遣除眾生內心的無明黑暗，所以可以說是世間的最勝明燈。與佛相比，電燈、太陽和月亮只能遣除外在的黑暗，沒辦法遣除眾生內心的黑暗。每當遇到被無明痛苦束縛的人時，我總是有這種感慨：為什麼這些人不學佛呢？如果他們能夠學佛，所有的無明痛苦一定會被遣除！

就像我等大師釋迦牟尼佛一樣，十方如來最初發了無上菩提心，中間以六度萬行積累二種資糧，最後示現成就大菩提。我們應該發願，當所有的如來示現成佛時，我們都要勸請他們轉無上妙法輪。如果我們勸請諸

普賢行願品講記

佛菩薩或者善知識轉法輪，這個功德是非常大的。《金光明最勝王經》中說：「於諸經中一句一頌為人解說，功德善根尚無限量，何況勸請如來轉大法輪。」

請轉法輪非常有必要，如果我們沒有請轉法輪，諸佛不一定會主動說法。當年釋迦牟尼佛在金剛座大徹大悟時，世尊覺得自己證悟的境界過於高深，即便對眾生宣說，他們也無法了解，於是四十九天沒有說法。[11]經過梵天和帝釋再三請求，世尊才應允轉法輪，後來在鹿野苑等各地三轉法輪，開顯了八萬四千微妙法門。

善知識也是如此，當他們以某種因緣而不傳法時，比如罹患疾病或者弟子的行為不如法，此時人們也要請轉法輪，這是一種不可缺少的緣起。我們學院的有些法師有時候生起厭離心：「我身體不好，從今天開始不傳法了。」然後幾個弟子拿著哈達跪在法師面前哀求：「如果您不轉法輪，那我們就傷心死了……」最後法師心軟了：「好好好，我明天就上課，要講什麼課，你們說吧。」

我們要經常請轉法輪，如果自己面前沒有請轉法輪的對象，就可以觀想：在法界中，有些如來已經成佛了，但還沒有人去請轉法輪，還有些善知識雖然有傳法的能力，但是因為種種因緣而沒有傳法，這些如來和善

知識在何處安住，我就觀想到那裡祈請他們轉法輪。

今天，我也祈請十方的善知識：請你們為眾生常轉妙法輪，既然宣說一句佛法功德都那麼大，那常轉法輪的功德就更大了，當你們有傳法的機會時，一定要常轉妙法輪！我也希望在座很多法師廣轉法輪，你們應該經常想：佛法這麼殊勝，如果只有我獨享，實在太不合理了，我一定要把佛法傳給別人，否則，如果我圓寂了，我相續中的智慧就失傳了。

在轉法輪的時候，大家要注意運用現代科技的方便。在當今時代，我們要重視通過網絡來傳法，這樣很多在家人不需要越過千山萬水，不用像從前的高僧大德那樣到印度、藏地去苦行，只要坐在家裡打開電腦就可以接受佛法。我覺得這是最好的方式。否則，要按從前的方式學習佛法——所有的人都到寺院出家或者聽法，這不是那麼容易的。

普賢行願品講記

第三課

　　按照法王如意寶的教言，普賢菩薩十萬大願的精髓是《普賢行願品》，《普賢行願品》的精髓就是弘揚佛法和利益眾生。大家在做念經、參禪、磕頭等善法時，應該依照法王的教言發願。作為一個修行人，依照上師的教言發願是不可缺少的。因為娑婆世界的五濁煩惱極其熾盛，要獨自面對各種煩惱是很不容易的，所以需要時刻用上師的教言提醒自己，這樣才能讓自心趨向於善。

　　當然，要讓自心往善的方面轉移，最好是經常學習佛法和修行佛法，尤其對初學者來說，學習佛法特別重要。在有生之年，大家要盡量多看書、多聽法。如果自己學有餘力，也要給別人講經說法，哪怕只有一個人聽，也要宣講佛法。

　　《安樂集》中說：「有二種人，得福無量無邊。何等為二？一者樂說法人，二者樂聽法人。」所謂「樂說法」就是樂於宣說佛法。當然，「樂說法」不能是不清淨的發心：如果我當法師，給別人宣講佛法，我就很了不起；如果我講法，可能會有一些收入，生活就有保障了。說法者應該有清淨的發心：我已經得到了殊勝的佛法，可是很多眾生還沒得到，我應該給他們傳授佛法。所謂「樂聽法」就是樂於聽受佛法。以前藏地有些很了

不起的大德，雖然他們沒有講經說法的因緣，但一直以歡喜心聽受佛法，一天不聽法就覺得不充實。現在很多居士對聽法也非常有興趣，經常通過網絡或者光盤聽受佛法，獲得了很大利益。

法王如意寶一輩子最重視的就是講聞佛法，作為法王的傳承弟子，大家也要有這種認識——在所有的事情當中，講聞佛法是最有意義的。如果你真正能閉關實修，將分別心融入佛的智慧，這當然是最好的，但對初學者來說這是很難做到的。對凡夫人來說，講聞佛法可以有效地對治煩惱。從聽法者來說，比如你聽了一兩個小時的佛法，暫且不談正面的功德，至少在此期間不會生起強烈的貪嗔癡，可能有人會疲倦或者打瞌睡，但這不算強烈的煩惱。從講法者來說，講法時也不容易產生煩惱。我經常有這種感覺：在講經說法時，開頭和結尾念誦時不會生煩惱，中間講法時心也比較清淨，僅從遮止煩惱來看，這一兩個小時也很有意義。相反，如果沒有講聞佛法，凡夫人很難不生煩惱，尤其是身心比較放蕩的人，短短一兩個小時也會造下很多惡業。如《毗奈耶經》云：「若勤修善時，罪惡心不起，於福不勤者，心便造諸惡。」所以，我們應該通過講聞佛法遮止惡業。

通過這次學習，希望大家以後每天念一遍《普賢行願品》。在學院上課時，大家每天都要念一遍《普賢行

普賢行願品講記

願品》，而不上課時很多人就不念了，尤其外出時就更不念了。大家應該想一想：《普賢行願品》功德這麼大，念一遍只需要十多分鐘，為什麼我不念呢？所以，大家應該養成念《普賢行願品》的習慣。不僅要經常念《普賢行願品》，而且要明白其中的意義。有些人念了一輩子《普賢行願品》，可是臨死還不知道裡面在講什麼，這就比較遺憾了。總之，大家要依靠念修《普賢行願品》增上福德。現在有些人認為，學佛的人只要觀空性就行了，不需要積累福德，這就是不懂佛法的想法。下面開始講課。

丙六、請佛住世支：

> 諸佛若欲示涅槃，我悉至誠而勸請，
> 唯願久住剎塵劫，利樂一切諸眾生。

在十方世界中，如果諸佛圓滿了度生事業而欲示現涅槃，我都以至誠心勸請：為了利樂一切眾生，願您在佛剎微塵數劫中住世，不要入於涅槃。

《涅槃經》中記載，釋迦牟尼佛入滅前對阿難說：「獲得四神足的人尚且能住世一劫，何況如來具有大神力，難道不能住世一劫嗎？」世尊這樣說是為了讓阿難創造佛住世的緣起。⑫但由於魔王波旬作障，世尊連續說了三遍，阿難都沒聽到，也沒有請佛住世。隨後魔王波

---

⑫雖然佛有能力住世一劫，但也需要他人勸請作為住世的緣起。

句現身並勸世尊：「您剛成佛時我曾勸您入涅槃，當時您說自己尚不具足四眾弟子，也沒有降伏諸外道，所以不能入於涅槃，如今您已經具足四眾弟子，也降伏了諸外道，現在可以入涅槃了。」魔王勸請之後，世尊便答應了。

本來，佛陀和生死自在的高僧大德是可以住世很長時間的，但是如果沒有人祈請他們住世，他們也不一定繼續住世。所以，當佛陀和高僧大德即將示現涅槃時，人們一定要祈請他們住世。

祈請佛陀和高僧大德住世有什麼必要呢？因為他們即便住世一天，對眾生也有不可思議的利益。以前法王如意寶曾勸請某位大德住世，當時法王說：「如果是真正的高僧大德，哪怕住世一天也能與很多眾生結上善緣，也能將很多眾生引入菩提道。這些大德住世對眾生利益非常大，跟凡夫人活著完全不同。」所以，當對弘法利生有意義的大德示現涅槃時，我們一定要勸請他們住世。

此處說「唯願久住剎塵劫」，不是願住世一年或者一月，而是住世一切佛剎微塵數劫。當然，真正要讓佛陀或者高僧大德住世這麼久是有困難的，但我們在祈請時必須這樣作意。

對於如來示現涅槃，大家應該有這樣的認識：

1.如來示現涅槃是有甚深密意的。《華嚴經》中說：

普賢行願品講記

「如來應正等覺作佛事已，觀十種義故示般涅槃。何等為十？所謂示一切行實無常故。示一切有為非安隱故。示大涅槃是安隱處無怖畏故。以諸人天樂著色身，為現色身是無常法，令其願住淨法身故。示無常力不可轉故。示一切有為不隨心住不自在故。示一切三有皆如幻化不堅牢故。示涅槃性究竟堅牢不可壞故。示一切法無生無起而有聚集散壞相故。諸佛世尊作佛事已，所願滿已，轉法輪已，應化度者皆化度已……法應如是入於不變大般涅槃。」關於這些道理，我們從法王示現涅槃也能深深地體會到。我經常想：無常真是太可怕了，不要說像我這樣的凡夫，甚至像法王這樣獲得金剛持果位的大德也會在世間消失，所以人的色身確實沒什麼可耽著的。

2.雖然如來顯現上會入涅槃，但從實相上講，就像《妙法蓮華經》中所說的那樣，如來的智慧法身是不生不滅的，在有緣眾生面前如來從來沒有入於涅槃。

不過，雖然如來入涅槃有密意並且如來在實相中未入涅槃，我們還是應該祈請諸佛和高僧大德長久住世、常轉法輪。當然，相對於嘴上說「長久住世、常轉法輪」，內心真實作意更為重要。今後在念《普賢行願品》的這個偈頌時，大家要觀想自己幻化出無數身體前往各個剎土勸請諸佛不入涅槃，住世百千萬劫。

凡夫人每天為自己的事情忙碌，而諸佛菩薩每天做

利益眾生的事情，有些大德年老後雖然身體不能到處弘揚佛法，但每天都為芸芸眾生發願、念經、祈福，無形中給世間帶來了許多溫暖。這些事情凡夫人是不知道的。凡夫人自私自利心很重，由於自己貪著名聞利養，所以認為所有人和自己一樣。其實並非如此。這個世界雖然很污濁，但是也有不少出淤泥而不染的蓮花，如果這些蓮花長期不枯萎，會對整個世界增添許多莊嚴。

丙七、迴向支：

　　所有禮讚供養福，請佛住世轉法輪，

　　隨喜懺悔諸善根，迴向眾生及佛道。

　　所有禮敬、讚歎、供養、請佛住世、請轉法輪、隨喜、懺悔等一切有漏無漏、世出世間的善根，都迴向自他一切眾生成就無上佛道。

　　何謂迴向？《大乘義章》云：「迴己善法，有所趣向。」意思是，回轉自己所修之善法，令其趣向一個方向。善根趣向什麼方向？就看迴向者的心願了。如果是一個大乘修行人，他會將善根迴向給一切眾生，願眾生獲得無上圓滿正等覺的果位。如果是一個聲聞乘行者，他會將善根迴向自己獲得解脫。如果是一個世間人，他會將善根迴向自己獲得世間安樂。

　　我們都是大乘行者，所以在迴向的時候，下至念一句觀音心咒、念一聲佛號、磕一個頭、燃一支香等微小

普賢行願品講記

善根，上至以菩提心或者以無我智慧攝持的廣大善根，都要迴向給天邊無際的一切眾生，願他們暫時離苦得樂，究竟獲得遠離煩惱障和所知障的圓滿正等覺果位。

如理迴向的功德極大。《甚深大迴向經》中說：「作如是迴向者，少修善本獲大果報，多作功德福報無量。」意思是，如果以迴向攝持，即便修少許善根也能獲得大果報，如果廣作功德而迴向，所獲福報就更是無量了。

《根本說一切有部毗奈耶雜事卷》中記載，勝鬘夫人以前是一個貧窮的婢女，後來她供養世尊一頓齋飯，並以清淨心發願：以此福德，願我脫離婢女之身，永離貧苦，獲大富貴。依靠迴向的力量，她即生就成了勝光王的王妃。

以上講完了七支供。《普賢行願品》既是一篇發願文，也是一篇迴向文，如果我們有時間，要念完整部經文作大迴向，如果沒有時間，也可以念七支供作迴向。不過按照華智仁波切、堪布根霍、托嘎如意寶和法王如意寶的傳統，上述偈頌屬於積累資糧和淨除罪障的前行方便，在講經說法或者修持任何善法之前都要念上述偈頌作七支供，之後再講經說法或者修持善法，最後念後面的偈頌作迴向。

作為法王傳承的弟子，我希望大家今後按照喇榮的傳統念《普賢行願品》。喇榮傳統的念誦音調和念誦內

第三課

容是法王如意寶等傳承上師傳下來的，這裡面有特殊的緣起。大家在上課前後念誦時要按照喇榮的傳統，不要隨便加以改變。我去過一些地方的菩提學會，發現課前課後的念誦有所增減，所以前一段時間我要求各地學會統一念誦方式。

人的分別念各不相同，有些人喜歡觀音心咒，念完七支供就加幾句觀音心咒，有些人喜歡文殊心咒，又加幾句文殊心咒。平時念這些咒語當然是可以的，但在課前課後念誦時不能加。原來我翻譯完《釋迦牟尼佛廣傳》以後，實在抑制不住對世尊的感恩之情，便在課前加念了《釋迦牟尼佛儀軌》，但這一點我是請示過法王的。後來我覺得每天不念護法不行，所以又增加了供護法。除此以外，我上課的念誦都是按照學院的傳統。如果你們有些人想加念其他內容，自己私下可以念誦，但集體念誦時一定要按照我們學院的傳統。這種念誦方式是法王等傳承上師加持過的，希望大家按這種傳統去做。

普賢行願品講記

乙二（正行廣大發願）分三：一、真實發願；二、如何迴向；三、宣說發願之際。

丙一（真實發願）分十六：一、清淨意樂之願；二、不忘菩提心之願；三、無垢行之願；四、利益有情願；五、隨順眾生並披上精進鎧甲願；六、親近善友

願；七、依止善知識並令其歡喜願；八、面見供養諸佛願；九、受持正法願；十、獲無盡功德藏願；十一、趣入種種法門願；十二、獲廣大力願；十三、修行妙法願；十四、廣大事業願；十五、隨諸佛菩薩修學願；十六、以總結諸願而迴向。

丁一（清淨意樂之願）分三：一、常隨佛學願；二、莊嚴國土願；三、利樂有情願。

戊一、常隨佛學願：

我隨一切如來學，修習普賢圓滿行，

供養過去諸如來，及與現在十方佛。

未來一切天人師，一切意樂皆圓滿，

我願普隨三世學，速得成就大菩提。

願我隨學一切如來，修習普賢的圓滿妙行。願我供養過去、現在、未來的一切諸佛。願我圓滿一切常隨佛學的意樂。願我普隨三世諸佛而學，速得成就大菩提。

我們隨如來學什麼呢？不是學世間的電腦、木工，而是要學習發菩提心。當然，發了菩提心以後就可以用各種方式度化眾生。如果能以電腦度眾生，就可以用電腦度眾生。如果能以木工度眾生，就可以用木工度眾生。甚至也可以用槍度眾生。但不管怎麼樣，我們隨學的應該是發菩提心利益眾生。

要想隨學如來，就離不開依靠供養諸佛而廣積資糧。我們要供養燃燈佛、迦葉佛、毗婆尸佛等過去無量

第三課

40

諸佛⑬，也要供養東方藥師佛、南方寶生佛、西方無量光佛、北方不空成就佛等現在住世的無量諸佛，還要供養彌勒佛等未來無量諸佛。

有些人可能想：供養現在佛有功德，而過去佛已經涅槃了，供養他們有功德嗎？有功德。雖然過去佛已經涅槃了，他們的教期已經結束了，但是因為他們具有不可思議的發心，所以供養他們的身像或者法本還是有功德。正因為如此，藏傳佛教的皈依境中有三世佛，漢傳佛教的寺院裡也有三世佛。

我們要像三世諸佛一樣發菩提心、行菩薩道。《諸法最上王經》中說：「若人心喜樂，過去佛菩提，須發菩提心，當修菩薩行。」作為諸佛的隨學者，如果什麼大願都不發，什麼菩薩行都沒有，每天無所事事混日子，這是非常不合理的。今後大家每天要行持一些善法，哪怕供一杯水、供一盞燈也可以，之後要發願：以此功德，願我獲得過去、現在、未來諸佛一樣的成就。

大家應該清楚，常隨佛學是為了早日成佛，但成佛不是為了自己快樂，而是為了利益眾生。現在有些副局長很想當上正局長，他們的努力都源於自私自利心。大乘行者的發心不能是這樣。彌勒菩薩為什麼要成佛？不是為了自己快樂，而是為了轉法輪、度眾生。

---

⑬為什麼要供養過去佛呢？因為這些佛對我們有恩德，如果我們往昔沒有值遇他們，今生不可能遇到佛法。

學習這兩個偈頌後，我們應該經常發願：我要隨學三世一切如來，我要修行普賢妙行，願我早日獲得大菩提。和我們一樣，每個眾生都是未來佛，世間有很多未來佛，所以我們也要為他們發願：願一切眾生淨除道障，早日示現成佛。

那天有一個人給我打電話：「您看我能不能即生成就？」我說：「這要看你的信心和所修的法。」他說：「您快說我能不能成就，如果不能成就，那我就不學佛了。」我當時有點惆——你不想學佛跟我有啥關係？於是我把電話撂了。然後他又打電話過來。但我覺得即使接了效果也不好，所以沒有再接電話。

其實成佛需要長遠的發心。無垢光尊者、宗喀巴大師等大德的傳記中說，他們於未來多少劫後將會在什麼剎土成為什麼如來。前一段時間本煥老和尚示現圓寂了，本老生前曾對眾弟子說：「再過九十個大劫我會成佛，我成佛的剎土叫無量微妙莊嚴剎土，我的名號叫無量自在光明如來。」有些人應該想一想，這些非常了不起的大德都要很久以後才能成佛，所以不要覺得成佛是很快的，不要認為某人答應一聲就可以成就了。

當然，大家也不要因為成佛遙遠就退失信心。為什麼呢？如果你不發願成佛，就將在漫長的輪迴中一直流轉，永遠沒有解脫的機會。與其如此，還不如發願成佛，這樣將來必定會在各自的剎土成佛。

第三課

大家不要像某些人那樣，想學佛的時候就學一點，不想學佛的時候就放棄。這種人很可憐，他們就是《經莊嚴論》中說的斷種性者。我們要珍惜學佛的善緣，要發願令學佛的意樂早日圓滿。每個人都有自己的意樂。世間人的意樂圓滿，不外乎發財、健康、生意興隆，而作為大乘行者，我們的意樂是成佛度化眾生。以後大家在念《普賢行願品》時要默默發願：願我早日成佛，在此之前不離善知識，不離佛法的光明，不離度化眾生的精神。這樣發願相當於春天的播種，如果有了春天的播種，必定會有秋天的收穫。

戊二、莊嚴國土願：

　　所有十方一切剎，廣大清淨妙莊嚴，

　　眾會圍繞諸如來，悉在菩提樹王下。

願十方一切剎土都像極樂世界一樣廣大、清淨、莊嚴，每一個剎土中都有如來安住在菩提樹王下，所有的如來都被菩薩眾會所圍繞。

在理解《普賢行願品》時，應該在每個偈文前加上「願我」，比如：願我一切意樂皆圓滿，願我隨一切如來學，願我速得成就大菩提……雖然為了文句工整，譯者沒有將這兩個字譯出，但我們在理解偈文時要加上這兩個字。

淨土和穢土差別非常大，現在我們居住的這個世界

很不如意：大地凹凸不平，環境極其粗糙，到處是荊棘瓦礫而且骯髒不堪，有些地方鬧乾旱，有些地方發洪水，人們心中充滿各種煩惱，人與人之間充滿爾虞我詐和勾心鬥角，在我執推動下不斷地進行爭執、鬥爭、打殺，到處都是憂愁和哭泣。而極樂世界則非常清淨莊嚴：大地像手掌一樣平坦，到處都是七寶，沒有戰爭、飢荒等痛苦，甚至連痛苦的聲音都聽不到。所以我們應該發願：願十方一切剎土都像極樂世界那樣清淨、微妙、莊嚴。

所謂清淨剎土，並不是除了環境清淨以外，什麼器情莊嚴都沒有，就像藏地某些空曠的大草原一樣。在清淨剎土中，每一位如來都被無量菩薩、聲聞眷屬圍繞著。當年我等大師釋迦牟尼佛來到這個世界以後，經常被文殊觀音等大乘眷屬、迦葉阿難等小乘眷屬、波斯匿王等施主所圍繞，就像滿月被群星圍繞一樣。所以我們應該發願：願十方世界中安住無數如來，每位如來都被四眾眷屬圍繞著，這些如來都像釋迦牟尼佛或者阿彌陀佛一樣安住在菩提樹下宣說各種法門，令眷屬們獲得無漏的安樂。

釋迦牟尼佛在南瞻部洲轉法輪時，我們沒有機會值遇他，不然早就獲得成就了。如果現在我們發願值遇如來，將來彌勒佛出世時就會遇到彌勒佛並獲得解脫。所以，大家也要經常發願遇到如來。

戊三、利樂有情願：

> 十方所有諸眾生，願離憂患常安樂，
>
> 獲得甚深正法利，滅除煩惱盡無餘。

願我能令十方所有眾生遠離內心的憂愁和身體的疾患，恆常享受善趣的安樂，獲得甚深正法的利益，無餘滅盡一切煩惱。

單單身體無病、擁有財富、享受善趣安樂並不是究竟的快樂，究竟的快樂是獲得正法的利益，滅盡相續中的煩惱，從輪迴苦海中獲得解脫。《華嚴經》中說：「若欲滅眾生，無量生死苦，應建堅誓願，速發菩提心。」我特別喜歡這個教證。為眾生做一些慈善事業，給貧窮的人修一間房子或者買一件衣服，讓病人的身體從疾病中解脫出來，這能從根本上解決眾生的生死之苦嗎？不能。如果想滅除眾生的無量生死之苦，就要發下利益眾生的堅定誓願，要發起無上菩提心。只有這樣，才能讓眾生與佛法結上善緣，讓眾生生起無我智慧，滅盡相續中的一切煩惱，獲得永恆的快樂，所以大家應該發起能究竟利益眾生的菩提心。

當然，人的根機不盡相同，只有大根器者才發得起菩提心。《大丈夫論》中說：「人有上中下。愚人者見他得樂心生苦惱。中人者己自苦時知苦。上人者見他樂時心生快樂，見他苦時如自己苦。」確實如此，下等人見到他人快樂自己反而會痛苦，中等人只知道自己的痛

普賢行願品講記

苦是痛苦，而上等人將別人的快樂和痛苦當作自己的快樂和痛苦。懂得這些道理以後，我們應該努力成為上等人。

法王講《普賢行願品》時說過，在這個偈頌中包含了普賢十大願王的意義，因為普賢十大願王的核心就是弘揚佛法和利益眾生，而「獲得甚深正法利」就是弘揚佛法，「願離憂患常安樂」就是利益眾生。利益眾生有暫時的方法和究竟的方法，暫時的利益眾生方法是做世間的好事，比如學習雷鋒。（現在很多人提倡「學習雷鋒」，但網上有人說，作為公務員，不喝五糧液和茅台酒就是學習雷鋒的最好方法。）作為佛教徒，也應該做一些世間的善事，比如對弱勢人群提供幫助，甚至在路上幫助可憐者，在家裡孝順父母。究竟的利益眾生方法就是弘揚佛法，因為如果沒有以佛法幫助眾生，眾生就會永遠在苦海中不得解脫。所以我們要發願：願一切眾生暫時遠離身心的痛苦，究竟獲得佛法的利益，滅盡所有的煩惱和障礙。

如果從究竟而言，暫時讓眾生有吃、有住、有錢意義並不大，因為物質的快樂只是暫時的，精神上的快樂才是長遠的。不丹被譽為全球最幸福的國家，雖然和西方國家相比，不丹的經濟水平很低，可是這個國家的人民有佛法的滋潤，上至國王下至普通人，所有人都行持大乘佛法，所以人們非常幸福。前一段時間我看了一張介紹不丹的光盤，看完以後我非常隨喜那裡的人民。以

第三課

前我跟法王去過不丹，在我的印象中，那裡沒有高樓大廈，也沒有優越的物質條件，但是那裡的人心很清淨，每個人都有希求解脫的意樂，都在不斷地行持善法。如果以後有機會，我很想再去不丹看看。

普賢行願品講記

第四課

丁二（不忘菩提心之願）分三：一、回憶宿世常得出家持淨戒願；二、以各種語言宣說佛法願；三、勤修菩提滅除罪障願。

戊一、回憶宿世常得出家持淨戒願：

> 我為菩提修行時，一切趣中成宿命，
>
> 常得出家修淨戒，無垢無破無穿漏。

願我在為了獲證大菩提而修行時，不論轉生何趣都具足宿命通，願我恆常出家並修持淨戒，戒律無有垢染、破損、穿漏。

為什麼要發願恆常具足宿命通呢？

因為有了宿命通，就能回憶前世，如果能回憶前世，修菩提道就不困難了。在座很多人顯現上是凡夫，因為沒有宿命通，不知道宿世中受過什麼苦，所以很難生起出離心。如果大家知道了宿世所受之苦，肯定會生起猛厲的出離心。

佛世時有一個比丘，每當回憶起前世在地獄的經歷，他就萬分恐懼，以致於渾身流出膿血。其他比丘受不了他身上的氣味，就向世尊反映。於是世尊開許他身穿身巾⑭，以免影響他人。如果我們像這位比丘一樣知道宿世，一定會認識到：輪迴真是太可怕了，從現在開始

---

⑭身巾：比丘的法衣之一，貼身穿。

第四課

我一定要希求解脫，否則繼續在漫無邊際的輪迴中流轉就太恐怖了！

寂天菩薩在《入行論》中說：「我未登地前，願蒙文殊恩，常憶己宿命，出家恆為僧。」如果我們獲得了一地菩薩果位，那時就不用擔心了，肯定能夠回憶前世，但在此之前，一定要發願生生世世具足宿命通。

為什麼要發願恆常出家呢？

一方面三世諸佛都是以出家相示現成道的，一方面出家的功德非常大。《大寶積經》中說：「設滿恆沙界，珍寶供養佛，不如一日中，出家修寂靜。」《三摩地王經》中也說：「如果有人在數劫中供養諸佛一切上妙資具，另有一人以厭離心向寂靜處邁七步，後者的福德勝過前者無量倍。」

藏地有一種說法，出家最好出到底，如果中間還俗了，還不如不出家。其實這是世俗的看法。按佛教的觀點，即便短期出家也有極大功德。在泰國等東南亞國家，人們有短期出家的傳統，這樣確實積累了很多功德。

不過，出家功德雖然很大，但出家並不是很容易的，很多人都會遇到障礙。甚至我等大師釋迦牟尼佛也是如此。當年悉達多太子出家時遭到了所有親人的反對，最後他是逃離王宮的。也許以這個緣起，後來很多出家人都是逃離家庭的。尤其在漢地，得到家人支持而

普賢行願品講記

出家的情況是很少的，幾乎沒有父母歡歡喜喜地把子女送到寺院出家。在我看過的影視節目裡，基本上沒有很成功的人士出家，很多人都是因為遇到挫折、萬念俱灰而出家的。當然，人們對出家有這樣的誤解，一方面有歷史原因，一方面也有社會文化的影響。總之，既然出家不容易，我們就要發願生生世世獲得出家身分。

為什麼要發願守持清淨戒律呢？

因為出家功德雖然很大，但如果戒律不清淨，也會有很大過失，所以要發願守持清淨戒律。

所謂清淨戒律，要具足三個條件：一、無垢染，沒有小乘的自私自利作意和世間的煩惱；二、無破損，沒有犯戒的墮罪；三、無穿漏，沒有三輪的執著。這三個條件也有其他解釋：一、無垢染，沒有輕罪的過患；二、無破損，沒有重罪的過患；三、無穿漏，一切學處都圓滿守持，比如對居士來說，五戒都圓滿守持，不是只守持其中一條。

總而言之，大家應該清楚兩點：

一、出家的功德非常大。在《大寶積經》中，對在家過患和出家功德有許多對比，如云：「在家多垢，出家無垢。在家多患，出家無患。在家無足，出家知足。」因此，如果具足了因緣，我們最好選擇出家。

二、出家後如果不守持淨戒，染上了破戒的垢染，過失是相當大的，因此出家人應該守持清淨的戒律。

有些人剛開始出家的心很切，可是出家後在持戒過程中遇到很多障礙，尤其現在是末法時代，世間有許多不清淨的法，比如電腦網絡上充斥著不健康的內容，有些僧人遇到這些染緣後心變了，最後變成了不倫不類的人。這種情況在末法時代非常多。所以，出家後一定要守持戒律，一方面要經常發願守持清淨戒律，同時要經常祈禱諸佛菩薩賜予加持。尤其是遇到不良對境時，自己剛開始就不要落入不清淨的心態中，如果剛開始沒有把持好自心，一系列過患就會隨之出現，這樣越來越墮落，最後的下場一定很可怕。

這個偈頌非常殊勝，以前法王經常教誡我們，去一些聖地或者見到佛像時，如果有時間就念《普賢行願品》發願，如果沒時間就念這個偈頌發願。對很多在家人來說，因為要承擔種種責任，即生中可能沒有出家的緣分，尤其現在很多人是獨生子女，出家後會給家庭和社會帶來很多麻煩，在這種情況下，自己一方面以在家身分修持善法，一方面要念這個偈頌為來世發願。有些人經常對我講：「我這輩子是沒辦法出家了，但下一輩子你看到起，我一定會出家！」我不知道「看到起」是什麼意思，但他們這樣發願確實很好。

對出家人來講，既然有了難得的出家緣分，就應該生起歡喜心和珍惜心。我在廈門大學講學時，有一個學生問我：「您出家這麼多年了，有沒有對自己的選擇產

普賢行願品講記

生過後悔？」我非常肯定地說：「雖然我的修行很慚愧，但是捫心自問，出家以後確實沒後悔過，自己總覺得出家是非常光榮的。」

當然，出家的路彎彎曲曲，這條路確實不太好走。現在有些人想的很簡單，認為只要把頭髮剃掉，就什麼煩惱都沒有了。其實並非如此。有些人剃掉頭髮後確實沒有煩惱了，可是有些人卻不是這樣，以前在家時還很不錯，剃掉頭髮以後煩惱反而更重了。所以，雖然出家是一種清淨的行為，但因為每個人的業緣不盡相同，所以出家後的情況也有所不同。對於這個問題，大家要有全面的認識。

現在有些人擔心出家人太多了，經常有人問：「出家雖好，但若人人都出家，那誰來養活你們？」我在微博上對此做過答覆：「這種想法實在多慮了。這個社會上，各行各業不乏其數，每個人的緣分各不相同，誰也不必擔憂：如果人人都去經商，沒人務農，誰來種莊稼養活大家？出家也是如此，並非所有人都有這種因緣，故大可不必有此憂慮。」實際上，與其擔心出家人太多，還不如擔心出家人太少。現在電視、網絡等誘惑人的事物越來越多，真正能安住在寂靜處守持淨戒、修持正法的人越來越少了，照這樣下去，我擔心再過幾百年世界上一個出家人都沒有了。

戊二、以各種語言宣說佛法願：

> 天龍夜叉鳩槃荼，乃至人與非人等，
>
> 所有一切眾生語，悉以諸音而說法。

對於天、龍、夜叉⑮、鳩槃荼⑯、人、非人⑰等所有的眾生，我都以他們的語言宣說能獲得解脫的殊勝妙法。

要饒益眾生就要宣說佛法，要以佛法饒益眾生就要通達各種語言，如果我們只懂一個民族的語言或者只懂一種眾生的語言，要廣泛弘揚佛法是很困難的。因此，我們應該發願以各種眾生的語言宣說佛法。

《大寶積經》中說：「世尊能演一音聲，有情各各隨類解。」當年世尊宣說一句佛法，各種有情都能以自己的語言了解：天人能以天人的語言來了解，餓鬼能以餓鬼的語言了解，不同的人類也能以各自的語言了解。而凡夫人說法的時候，要讓不同的眾生以各自的語言了解是很困難的。

《普賢行願品》的這個偈頌加持力非常大。藏傳佛教的很多高僧大德在宣說佛法之前，首先念誦頂禮偈，然後就念一遍這個偈頌，以此緣起，很多肉眼看不見的眾生都會來到說法現場，並且能以各自的語言了解所說之法。

普賢行願品講記

---

⑮夜叉：意為輕捷，是一種會飛行的鬼類。

⑯鳩槃荼：意為甕形鬼、冬瓜鬼、厭魅鬼，是隸屬於南方增長天王的鬼類。

⑰此處的非人是除人類以外的一切眾生，如旁生、餓鬼、地獄眾生以及阿修羅。

在弘揚佛法的時候，我們不能僅限於一種語言。現在有些法師會英語、日語、西班牙語等多種語言，我非常羨慕他們，也很想像他們一樣掌握多種語言。從這個角度來講，我很感謝自己的老師，雖然我的漢語很差，你們經常笑我，我也經常笑自己，但依靠老師的恩德，至少我能用漢語表達自己的一些想法。以前我曾經想學日語和英語，但一直沒有成功。甚至前兩天我都在想：能不能學一學英語？但我算算自己的年齡，現在我已經是「下午」的太陽了，所以這輩子可能沒時間學英語了。作為年輕人，你們應該多掌握幾種語言，以便將來弘揚佛法。昨天有一個精通五種語言的居士說他將來想弘揚佛法。以前我還遇到過一些教授，他們也精通多種語言。我非常羨慕他們，如果掌握了多種語言，不敢說天人、阿修羅的語言，至少通達幾種人類的語言，弘揚佛法確實方便多了。當然，要弘揚佛法，除了具備語言的能力，還需要堅強的毅力和廣大的願力。

我們應該發願，除了以人類的語言宣說佛法，也要以其他眾生的語言宣說佛法。法王如意寶曾說：「如果是真正的大菩薩，他們在人類面前會用人的語言說法，在旁生面前會用旁生的語言說法，甚至會變成旁生的形象給人說法。以前有一位名叫智欽丹貝尼瑪的大德，他在一首道歌裡說，很多烏鴉發出的聲音都是能受持智慧分或者方便分的殊勝密咒。喇榮有很多烏鴉，我經常聽

到牠們在大經堂頂上念『嗡阿吽』⑱，這些烏鴉其實是菩薩，牠們在給我們宣說妙法。」

《佛所行讚》中說：「佛說一切施，法施為最勝。」布施包括財布施、無畏布施、法布施，在這些布施中以法布施最為殊勝。講考班從昨天開始講考，其實這就是一種法布施，每位講者都應該以歡喜心作法布施，每位聽者接受法布施時也要生起歡喜心。昨天在講《解義慧劍》時，有一個道友講了很多了義和不了義的道理；在講《入中論》時，有一個道友講了一地菩薩用身體作布施時不會產生痛苦的道理。這些道理我以前學過，但後來已經忘記了，聽他們講了以後我又回憶起這些道理，在回家的路上我一直都在思維這些道理。

戊三、勤修菩提滅除罪障願：

　　勤修清淨波羅蜜，恆不忘失菩提心，
　　滅除障垢無有餘，一切妙行皆成就。

1.「勤修清淨波羅蜜」，願我精勤修持清淨的六波羅蜜多。如果六波羅蜜多不清淨，所獲的功德是不大的。什麼是清淨的六波羅蜜多？《大乘理趣六波羅蜜多經》和《入中論》裡面都說，以三輪體空攝持的六波羅蜜多才是清淨的六波羅蜜多。所以，大家在行持六度時要具足空性的見解。

⑱嗡啊吽：是三世諸佛的身語意總持咒。

普賢行願品講記

2.「恆不忘失菩提心」，願我恆常不忘菩提心。《華嚴經》中說：「善男子，如人護身先護命根，菩薩摩訶薩亦復如是，護持佛法亦當先護菩提之心。」《華嚴經》中又說：「忘失菩提心修諸善根，是為魔業。」什麼是魔業？按照大乘的意趣，就是自私自利心所做的一切事。如果做善法時夾雜有自私自利心，沒有上求佛道下化眾生的發心，所做的善法都會成為魔業。

3.「滅除障垢無有餘」，願我無餘滅除一切障礙和垢染。在修行佛道的過程中，我們千萬不要染上貪嗔癡等煩惱，要滅盡相續中的八萬四千障垢。

4.「一切妙行皆成就」，願我成就一切菩薩妙行。凡夫人有各種行為，很多人覺得自己的行為是正確的，但是站在大乘佛法的角度，一個行為是不是妙行，歸根結底要看能不能拔除眾生的痛苦、賜予眾生安樂。換句話說，只有利益眾生的行為才是妙行。對於大乘修行人來說，不管人們對你的評價如何，也不管你的身分如何，只要你的行為能利益眾生，你就在行持妙行，你就在實踐大乘佛教的核心意義。

上述四個發願的根本是不忘菩提心，所以大家要朝這個方向努力：如果自己還沒有生起菩提心，就讓它早日生起；如果已經生起菩提心，就讓它日益增上。不管遇到什麼事，我們都要像保護眼睛一樣保護菩提心。當別人打罵自己的時候，如果是沒受過菩薩戒的人，當然

可以「人不犯我，我不犯人，人若犯我，我必犯人」，
但作為受了菩薩戒的人，就不應該以牙還牙了，如果那
時生起煩惱，眼睛睜得大大的，準備反擊對方，那就太
慚愧了。小乘行者都要奉行沙門四法⑲，作為大乘行者就
更應如此了。當然，由於無始以來串習自私自利心，末
法時代的有些眾生雖然形象上受了菩薩戒，但大乘佛法
並沒有融入內心，所以經常有不如法的心行，這也是可
以理解的。但不管怎麼樣，學習這個偈頌後，希望大家
不要忘失菩提心，一切要為眾生著想，不要天天想著自
己的事情。如果自己稍微不順利，馬上就愁眉苦臉，馬
上就開口罵人，行為也不調柔了，那就太慚愧了。

丁三、無垢行之願：

於諸惑業及魔境，世間道中得解脫，

猶如蓮華不著水，亦如日月不住空。

願我從一切煩惱、有漏業⑳以及魔境等世間道中解
脫，猶如蓮花雖在水中卻不沾水，又像日月不滯於空自
在運行。

為什麼要從煩惱、有漏業及魔境中解脫呢？如果一
個人被貪嗔癡等煩惱束縛，那麼這個人是不會自在的，

---

⑲沙門四法：他罵不還罵、他怒不還怒、他打不還打、尋過不還報。
⑳有漏業有三種：一、欲界眾生所造之善業能帶來幸福，又稱福業；二、欲
界眾生所造之惡業將導致不幸，故稱非福業；三、色界、無色界眾生所造之
善業，依其禪定之種類，所招感之果報決定不動，故稱不動業。

肯定是極其痛苦的。此外，如果一個人被有漏業或者魔境束縛，這個人也不會有真正的快樂。所以我們應當發願從這些世間道中解脫，如果現在經常這樣發願，將來發願成熟時就會通達人無我和法無我，那時自己就能遠離一切世間的束縛。

對於從世間道中解脫的菩薩，這個偈頌用了兩個比喻進行描述。

1.蓮花喻。菩薩雖然住在輪迴中，但他們不會受到任何染污，就像蓮花雖在水中但不沾水一樣。彌勒菩薩說：「觀法如知幻，觀生如入苑，若成若不成，惑苦皆無怖。」（菩薩觀一切萬法如同幻化，觀在輪迴中投生如同入於花園，不管自己的事業成功還是不成功，都不會產生煩惱和痛苦。）還有些經論中說，為了度化眾生，菩薩會示現各種身分，有時候變成屠夫，有時候變成妓女，有時候變成乞丐，雖然外相顯得很不清淨，但實際上他們的內心一塵不染。很多禪宗和大圓滿的祖師就是這樣的，從表面上看，他們和世間人一樣，也要吃飯、穿衣、走路，有時候還會生病，但他們的內心早已超離了世間的束縛。

2.日月喻。菩薩的弘法利生事業無有任何阻礙，就像太陽和月亮不停滯於空中。此外，菩薩利益眾生時沒有分別執著，就像太陽沒有刻意想給予世間溫暖和光明，可是它的光芒卻普照大地，自然而然成熟一切萬物。

和菩薩相比，凡夫人有很多痛苦：生病的痛苦，壓

力大的痛苦，發心不成功的痛苦，與人交往不順利的痛苦，甚至吃飯不如別人也痛苦……實際上，萬法唯心所造，一切苦樂悉皆如夢如幻，煩惱和痛苦實際上是不成立的，別人對你的辱或者讚歎都是無利無害的。當然，如果是沒有修證的人，雖然嘴上會說這些道理，但是身體不好、心情不好時照樣痛苦不堪。如果是有修行境界的人，一切成敗、美醜、好壞對他們而言都如同浮雲或者遊戲，不會有任何得失的苦樂，即使有苦樂也是示現，做什麼事都沒有煩惱，弘法利生也非常順利。

　　每次見到法王如意寶，我都有這種感慨：跟我們比起來，大菩薩多麼快樂啊！拿講經說法來說，我們這些人要辛辛苦苦備課，而法王根本不需要備課——我在法王家從沒見過他備課，倒是經常見到他拿著念珠躺在床上休息。可是老人家一講起課來，教言的甘露就源源不斷流出來。以前法王在印度南方的朗卓佛學院講《定解寶燈論》，朗卓寺有一千多僧人，他們特別喜歡辯論，也很喜歡挑毛病。當時法王顯現上眼睛看不見文字，我有點著急：《定解寶燈論》很難解釋，裡面的科判也很複雜，要給那麼多僧人講課，如果提前不做準備，到時候怎麼講呢？學過《定解寶燈論》的人都知道，這部論典特別難，如果事先沒有準備，講起來是很困難的。於是我問法王：「您要不要提前備課？我給您讀一遍講義吧？」法王說：「馬老了就無法馴服了，現在要備課也

普賢行願品講記

已經晚了。」於是沒做任何準備。可是法王一開講，我頓時放下心了，他老人家講得特別精彩，每次都講一兩個小時，聽課的人都心服口服。這時我才明白：法王跟凡夫人確實不同，他老人家的智慧完全是自然流露的。

所以，真正的大菩薩非常自在，可以說是猶如日月不住空。而凡夫人則不同，做一點點事情都很困難。尤其是心力脆弱的人，早上起床很困難，做飯很困難，背誦經論很困難，看書也很困難，這也做不來，那也做不來，每天處於失敗和苦惱中，成功和開心的時候非常少。當然，這些凡夫人還是要振作起來，只要經常按照普賢行願來發願，總有一天會成為自在的大菩薩。

這個偈頌和法王的弘法利生事業有一種特殊的因緣。1987年，法王帶領一萬多藏人朝拜五台山，當時法王每天在塔院寺講課，每次講課前僧眾們都要念《普賢行願品》。有一天在去講課的路上，法王想觀察一下未來的緣起。當法王左腳踏上法座的梯子時，僧眾剛好念到「於諸惑業及魔境，世間道中得解脫」，當法王登上法座時，僧眾念到「猶如蓮華不著水，亦如日月不住空」。法王認為這個緣起非常好，他老人家親口說，這意味著他的弘法利生事業就像日月不滯空那樣任運無礙。（其實每個人在聞思修行或者弘法利生方面都有緣起，雖然沒有法王那樣殊勝的緣起，但各自也有一定的緣起，大家可以觀察這些因緣。）

丁四、利益有情願：

　　悉除一切惡道苦，等與一切群生樂，

　　如是經於剎塵劫，十方利益恆無盡。

　　願我拔除一切惡趣眾生的痛苦，平等給予一切眾生安樂，如是經於佛剎微塵數劫在十方世界以三乘佛法利益一切眾生。

　　《四無量心儀軌》中說：「願諸眾生永具安樂及安樂因，願諸眾生永離痛苦及痛苦因，願諸眾生永具無苦之樂我心愉悅，願諸眾生永離貪嗔之心住平等捨。」地藏王菩薩說：「地獄不空，誓不成佛，眾生度盡，方證菩提。」我們也要像這樣發願：願我將一切眾生安置於無上圓滿正等覺的果位，遣除他們的一切痛苦，給予他們究竟的安樂。

　　要讓眾生離苦得樂，自己首先要具足大悲心。《大寶積經》中說：「為利一眾生，住無邊劫海，令其得調伏，大悲心如是。」如果有了大悲心，在輪迴中住無量劫都是可以的，如果沒有大悲心，要長期利益眾生是很困難的。在發心人員當中，有些人因為有大悲心，所以能常年如一日地做事情，十年、二十年如如不動。而有些人剛開始熱情很高：「我要去發心嘍」、「我要去利益眾生嘍」……可是過一段時間就退了，這就是沒有大悲心的緣故。

　　如果有強烈的大悲心，在利益眾生過程中會特別堅

普賢行願品講記

強，遇到任何痛苦都不會在乎。前一段時間，有些發心人員因為特殊情況而不能回學院，有些人對我說：「現在不能回學院，我該怎麼辦啊？」我說：「如果你的大悲心很強，就不會在乎這些事情。」

佛經中記載，釋迦牟尼佛在因地時，為了讓一個眾生種下善根，在多少劫中努力都不生厭倦心。相比之下，現在有些人明知自己做的事情對很多眾生有利益，本來應該珍惜這種百千萬劫難得的機會，可是他們卻把這種機會當做壓力和束縛，總是覺得：沒想到我要接觸這麼多眾生，現在我好痛苦啊，我當初的選擇可能錯了。這就是沒有大悲心的表現。如果這些人有強烈的大悲心，根本不會厭倦利益眾生。

作為菩薩，如果為了自己的利益，即便身處解脫涼室也如同身處火坑，如果為了眾生的利益，即便在無間地獄也覺得非常歡喜。在《經莊嚴論》中，有許多這方面的教證。大家應該多看這些教證。

阿彌陀佛和釋迦牟尼佛在因地時曾經發願要在百千萬劫中利益十方一切眾生，當他們獲得佛果後，確實有無量眾生依靠他們滅盡了煩惱、獲得了解脫。雖然現在我們是初學的凡夫，沒有廣利眾生的能力，但只要經常像阿彌陀佛和釋迦牟尼佛一樣發願，將來也一定能利益無量眾生。我們學院的有些大法師就是如此，以前他們是很普通的人，但是依靠強大的發願力，後來利益了無

量的眾生。

　　大家的發願千萬不要搞錯，現在很多人發願是為了個人和家庭，甚至有些出家人發願也很自私：聽說極樂世界很安逸，我一定要往生極樂世界！極樂世界確實很安逸，但那裡的菩薩並不是天天吃喝玩樂，他們都有利他心，他們是很忙的。如果一個人沒有利他心，天天像豬八戒一樣吃吃喝喝，那不知道能否往生極樂世界。即便往生到極樂世界，如果什麼事情都不做，恐怕也會不適應吧。

普賢行願品講記

人的聞思、修行、發心都很短暫，長期堅持的人很少。不知道是利他的菩提心不夠還是空性的境界不夠，很多人在兩三年裡表現還可以，可是不久就消失得無影無蹤了，一打聽才知道他們在四處遊蕩，也沒做什麼有意義的事情。這樣中斷自己的緣分是很可惜的。

其實，《普賢行願品》的這個偈頌已經圓滿宣說了成佛之道：如果自己恆常隨順一切眾生（我常隨順諸眾生），不是短暫的一兩天、一兩個月、一兩年，而是在未來的一切時日（盡於未來一切劫），恆常精進修行六波羅蜜多，凡是調伏自相續或者弘法利生的善法都精進行持（恆修普賢廣大行），這樣最終一定會獲得無上大菩提果位（圓滿無上大菩提）。我們都是希求成佛的人，所以要經常按照這個偈頌發願。

再次向諸位強調一遍：隨順眾生是非常重要的！有些人喜歡獨自修行，但沒有隨順眾生的善巧方便，不願意接觸任何眾生，結果出現了自閉症或者憂鬱症。其實這樣是沒必要的。不管出家人還是居士，都應該和眾生廣結善緣，哪怕能讓一個人種下善根，自己都應該努力。這個時候沒必要逃避。如果你能像噶當派古德那樣終生在深山中修行，我們當然非常隨喜，但如果你做不到那樣，還是要適當見見人。

現在個別發心人員不願意和人交往，一看到眾生就心煩。這種心態其實是有問題的。如果是真正的菩薩，

第五課

應該是越接觸眾生越歡喜。為什麼呢？因為只有依靠眾生才能圓滿六度萬行。如果一看見眾生就不高興、傷心、憤怒，那六度萬行從何圓滿？恐怕有困難。如果一個人稍微有一些修行境界，那他肯定不會越看眾生越心煩，更不會把門關得嚴嚴的，一直躲在屋裡不出來。閉門發心當然很好，但適當接觸眾生也很重要。

法王如意寶在隨順眾生方面非常善巧，遇到官員，他可以講出官員需要的語言，遇到醫生，他可以講出醫生需要的語言。這就是大菩薩度化眾生的方便。眾生的根機和意樂不盡相同，如果我們想度化眾生，就要學會隨順眾生。

學過《入行論》的人知道，眾生是成佛的因，所以我們要發願和眾生廣結善緣，不能發願獨來獨去、不接觸眾生。在這方面，本煥老和尚是我們的榜樣。本老經常說：「未成佛道，先結人緣。」一年三百六十五天，本老天天都在方丈室接待信眾，直到圓寂前不久，他老人家還在接見信眾。有些人可能覺得：本老是不是沒有事情做，所以天天坐在那裡？其實並非如此，通過和本老這樣的大菩薩結上善緣，很多眾生都有了解脫的機會。㉑

所以，在心力堪能的情況下，我希望有些人還是要

普賢行願品講記

―――――――――――

㉑和菩薩結緣非常重要。《入行論》中說，不要說菩薩結上善緣，甚至和菩薩結上惡緣也會獲得解脫。

和眾生盡量多結緣。如果你的心力實在跟不上，那當然可以關上門，我對此也沒有意見。但我替個別人擔心：如果越來越不想接觸眾生，這樣下去到底好不好？如果不願意跟眾生交往，說明你的心態有問題，要度化眾生就很難了。

丁六、親近善友願：

　　所有與我同行者，於一切處同集會，

　　身口意業皆同等，一切行願同修學。

　　願所有與我同行者在一切處都與我同集會，我和他們身口意業都相同，共同修學一切普賢行願。

　　所謂同行者，就是發心、見解、修行、行為、得果相同的志同道合者，就此處而言，就是所有發了菩提心、修持六度萬行的大乘行者。菩提學會的佛友們經常在一起念經、聽聞佛法、思維佛法、修加行、行持善法，這些人的身口意業就是相同的。

　　值遇大乘同行者是非常難得的因緣。法王如意寶曾開示說：「我們學院每次舉辦極樂法會或者金剛薩埵法會，至少都有幾千僧眾共同發願斷惡行善，這是非常難得的因緣，大家應該珍惜這個因緣。」有些人可能想：這沒什麼吧，反正哪裡都有很多人，在我生活的城市裡甚至有好幾百萬人。這種想法是錯誤的。大城市雖然有很多人，但他們的見解不一定相同，而且大多數是造惡

第五課

業的人，所以根本比不上大乘同行者。

在行持善法的過程中，道友的助緣是很重要的。《正法念處經》中說：「若人近善友，增長無量法，猶如注大雨，河流皆增長。」《妙臂請問經》中說：「譬如車行須全二輪。若闕一者。無由進趣。修行助伴亦復如是。若求助伴者。當求種族尊勝。形貌端嚴諸根不缺。心性調柔好修善法。智慧明利精勤勇猛。有大悲心恆樂布施。信重三寶承事供養。不歸信於諸餘外道及天魔等。」

佛經中記載，阿彌陀佛和釋迦牟尼佛曾在許多世發願共同修持善法。文殊菩薩和觀音菩薩也共同發願過。如今很多道友能在一起修學佛法，肯定和前世的發願有關。法王在寫給一位印度大德的道歌中說：「你我在很多生世中以善願力共同行持佛法，從這一點看來非常值得歡喜；未來乃至菩提果之間，我們還要發願共同行持普賢行願之道。」

在我的印象裡，法王特別重視《普賢行願品》。法王在五台山面見文殊菩薩時造的道歌中說：「普賢菩薩諸行大願王，所有勝義妙果皆現前。」法王在金剛座造的《願海精髓》中說：「由從普賢行願品所說，如海菩薩行願皆圓滿。」法王去過不丹，不丹有許多蓮花生大士的聖地，法王在這些聖地都是念《普賢行願品》發願。作為法王的傳承弟子，今後我們朝拜神山或者去寺

普賢行願品講記

院禮佛、拜見大德時，最好念一遍《普賢行願品》，念的時候要自始至終憶念偈文的意義。當然，凡夫人的心很散亂，剛開始一邊念一邊思維，可是不知何時心就跑了，最後口雖然在念偈文，心早就離開了偈文，這就是凡夫人經常犯的毛病。

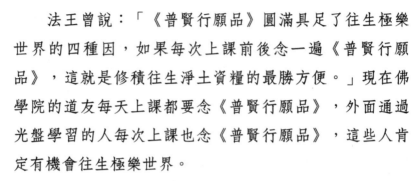

法王曾說：「《普賢行願品》圓滿具足了往生極樂世界的四種因，如果每次上課前後念一遍《普賢行願品》，這就是修積往生淨土資糧的最勝方便。」現在佛學院的道友每天上課都要念《普賢行願品》，外面通過光盤學習的人每次上課也念《普賢行願品》，這些人肯定有機會往生極樂世界。

我自己經常有這種感覺：如果某一天既沒講課也沒念《普賢行願品》，我就會特別著急；如果某一天講了課，即使這堂課講得不好，但想到念了一遍《普賢行願品》，心裡就覺得很充實。

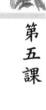

希望大家在有生之年堅持念誦《普賢行願品》，自己的念誦功課不要換來換去。如果今天念《普賢行願品》，過一段時間換一個發願文，再過一段時間又換一個發願文，這就是心不穩重的表現，這是菩提道上最大的障礙。在我們的道友中，有些人的心非常穩重，和十年前相比，念誦的功課沒變，和二十年前相比，念誦的功課還是沒變，只不過隨著時間流逝，後來增加了一些念誦。我覺得這樣很好。作為真正的修行人，在念誦觀

修方面應該有一種長期的精進。

言歸正傳，菩提道中最可怕的違緣就是惡友。乃至獲得一地菩薩果位之前，修行人都可能被惡友所轉。有些人心地本來很善良，但經常遇到不三不四的人，沒過兩天相續中的善根就被毀壞了。而有些人很少遇到惡友，這也是一種福報。所謂惡友，就是貪嗔癡嚴重，對善法沒有興趣，對三寶不恭敬的人。因此，我們不僅要發願值遇善友，還要發願生生世世不要遇到造惡業、破壞佛教、沒有出離心、沒有菩提心的人，即使遇到這種人也不要染上過患。

普賢行願品講記

丁七、依止善知識並令其歡喜願：

> 所有益我善知識，為我顯示普賢行，
> 常願與我同集會，於我常生歡喜心。

所有以大乘佛法饒益我、為我開顯大乘佛教之精髓——普賢行願的善知識，願他們與我恆時共住，願他們恆時對我生起歡喜心。

所謂「益我」，是在解脫方面有利益，並不是暫時給一些吃的、穿的、錢財、地位。這些世間的圓滿有也可以，沒有也可以，表面上看對自己有一定利益，實際上不一定真正有利益。

所謂「善知識」，是可以指示解脫道的人，尤其是可以開顯普賢行願的人。大乘佛教的精髓就是普賢行

願，而普賢行願歸根結底就是發菩提心、行持六度萬行、利益一切眾生。如果一個人能開顯普賢行願，這種人就是大乘善知識。

我們應該以各種行為讓善知識生起歡喜心，這有極大必要。《藍色手冊》中說：「一切大乘之教規，令師歡喜最重要，上師極為喜悅故，一切所為具大義。相反教言雖具全，然彼不會得加持，故當努力令師喜。」

怎樣才能讓善知識生起歡喜心呢？自己首先要對善知識生起歡喜心。如果自己首先對善知識有歡喜心，反過來善知識就會對自己有歡喜心，如果自己對善知識不歡喜，善知識也不可能對自己歡喜，在這方面存在互相作用的關係。

作為善知識，雖然不會以偏袒心喜歡這個人、不喜歡那個人，但有些弟子依靠前世的善緣和今生的如法行為，確實令善知識生起了極大的歡喜心。以法王如意寶來講，他在根本上師托嘎如意寶座下待的時間不是很長，可是當他離開上師的時候，上師對他說：「你和我的親生兒子沒有任何區別。」以前藏地有一位叫嘉貢賢嘎的大德，他的上師是鄔金丹增諾吾㉒，鄔金丹增諾吾也說過，嘉貢賢嘎跟自己的兒子沒有區別。如果上師是持戒比丘，本來是沒有兒子的，但上師卻以「兒子」這個

㉒鄔金丹增諾吾：《讚戒論》的作者，近代寧瑪巴大德，是華智仁波切四大弟子之一。

世間最疼愛的稱呼來叫弟子，這說明上師對弟子的慈悲攝受。

當然，所謂的善知識，應該是具足法相的真善知識，不能是天天化緣的假善知識。昨天有一個人對我說：「最近很多藏傳佛教的大德去漢地各個城市，他們剛開始說要弘揚佛法，可是最後行為卻落到了化緣上。有些大德遇到一些有錢的老闆以後，就不再理睬原來的弟子了，整天跟這些老闆混在一起，甚至做出很不如法的事情。這雖然是個別人的行為，但對藏傳佛教帶來了不良影響。」我很贊同他的說法，現在藏地確實有一部分人，他們到漢地不是弘揚佛法，而是打著各種旗號化緣，有些說要修寺院，有些說要建佛塔，有些說要塑佛像，最終毀壞了藏傳佛教的形象。

普賢行願品講記

有些弟子為了讓上師歡喜，不僅供養上師很多錢財，而且給上師介紹很多施主，他們這種做法確實令上師歡喜了，因為上師看重的不是佛法，而是人民幣，既然人民幣多了，上師自然會高興。但這些弟子應該明白：如果上師喜歡的是錢，這不一定是好上師；如果上師喜歡的是佛法，這才是好上師。

在三種令上師生起歡喜的方式中，財供養是最下劣的，承事供養好一點，法供養是最殊勝的。長行文中說：「善男子！諸供養中，法供養最。所謂如說修行供養、利益眾生供養、攝受眾生供養、代眾生苦供養、勤

修善根供養、不捨菩薩業供養、不離菩提心供養。」
《大般若經》中說：「天王當知！諸欲供養佛世尊者，
當修三法：一者，發菩提心；二者，護持正法；三者，
如教修行。」所以，我們應該以法供養令善知識生起歡
喜心。

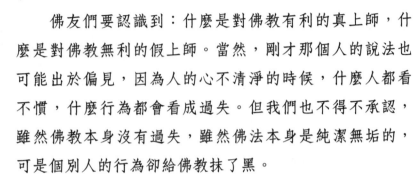

　　佛友們要認識到：什麼是對佛教有利的真上師，什
麼是對佛教無利的假上師。當然，剛才那個人的說法也
可能出於偏見，因為人的心不清淨的時候，什麼人都看
不慣，什麼行為都會看成過失。但我們也不得不承認，
雖然佛教本身沒有過失，雖然佛法本身是純潔無垢的，
可是個別人的行為卻給佛教抹了黑。

　　在這裡，我也想提醒某些上師：作為上師，對弟子
的最大利益就是傳授正法，因為弟子們最缺的就是正
法！如果一個上師不給弟子傳授正法，而是企圖在其他
方面幫助弟子，這是很困難的。為什麼呢？當弟子生病
時，除了個別證悟者以外，要代弟子受苦是很困難的。
當弟子遇到其他麻煩時，上師也沒辦法幫助。但是，如
果上師給弟子傳授佛教的正理，弟子就會明白怎樣面對
生老病死等世間的痛苦和出世間的問題，最終會獲得遠
遠超過世間法的利益。

　　也許我說得比較極端，但現在確實有一些別有用心
之輩，他們從表面上看好像是善知識，實際上卻是冒充
的善知識。這種人不要說上師的法相，連弟子的法相都

第
五
課

不具足，為了得到錢財和享受，他們把佛教當作牟利手段，什麼壞事都敢幹。這種人對弟子不會有利益，對佛教也不會有利益，當然他們自己的下場就更可悲了，生生世世都不會有好報。

作為佛教徒，每個人都有護持佛法的責任，看到不如法的現象應該指出。如果誰都不願意說，行持非法的人就會越來越猖狂，就會對佛教帶來極大損害。為什麼古印度的佛教衰敗了？就是因為當時很多佛教徒不講正法，他們關心的只是誰神通大，這種風氣發展下去，沒神通的人也開始假裝有神通，當假神通的把戲被揭穿時，佛教的形象受到了嚴重打擊，從此印度人逐漸淡忘了佛教，最後印度被其他宗教占領了。現在有些人雖然看到某些不如法的行為，但他們卻認為：這應該由法師來說，我一個區區小人最好不要惹事，否則，如果不小心被捲進去，到時候跳進黃河都洗不清了。總之，對於某些不如法的現象，許多人雖然看得很清楚，可是他們要麼不願意說，要麼不捨得說，要麼不敢說……這樣下去，佛教的未來是不樂觀的。

言歸正傳，遇到善知識是非常幸運的。在這方面，我一直覺得自己緣分很好。讀小學的時候，我住在一個老喇嘛家，他是一個非常好的修行人。讀中學的時候，我遇到一個出家人，由於當時的政治原因，他表面上以在家身分在學校做飯，但實際上是個非常好的出家人。

普賢行願品講記

直到現在，我還很感恩他的幫助，因為中學時代正是一個人缺乏毅力、需要良師益友幫助的關鍵時期。讀師範的時候，我又遇到幾位與菩提道有緣的老師。出家後就更不用說了，所有的上師都非常好。而有些人這方面的緣分則不是很好，從小學、中學、大學到進入社會，遇到的朋友都是壞人，甚至出家後遇到的也是對三寶沒有信心的惡友。

　　一般來講，一個人是好是壞，從他的興趣就可以看出：有些人一講到聞思修行就沒興趣，一講到造惡業則特別有興趣，這種人就是壞人；有些人一講起菩薩道就興致勃勃，一講起貪嗔癡和造惡業就沒興趣，這種人就是好人。所以，我們應該以智慧辨別自己接觸的人。

　　學習這個頌詞後，我們應該發願：願我生生世世遇到善知識，並以如法依止令其生起歡喜心，甚至自己轉生為旁生，也要遇到菩薩的化身。㉓法王如意寶講過：「即使麥彭仁波切示現為烏鴉，我也發願當他的眷屬，和他一起行持菩薩道。」我們也應該像法王這樣發願。

丁八、面見供養諸佛願：

　　願常面見諸如來，及諸佛子眾圍繞，
　　於彼皆興廣大供，盡未來劫無疲厭。

㉓旁生當中也有菩薩，《釋尊廣傳》中說，世尊在因地時曾多次以動物形象發菩提心、行菩薩道。

願我恆常面見十方諸如來在佛子眾會的圍繞中，願我對他們都作廣大供養，如是盡於未來一切劫，從來無有疲厭心。

此處的供養具足三方面的殊勝。

1.供養對境殊勝。在法界中有無數如來，這些如來被菩薩聲聞等弟子以及人天等施主圍繞，就像被繁星圍繞的滿月，這些聖眾是供養對境。

2.供品殊勝。如同勝光王對釋迦牟尼佛作廣大供養那樣，以遍滿佛剎的七寶、資具作廣大供養。

3.供養意樂殊勝。在未來無數劫作供養，沒有任何疲厭之心。

在做任何善法時，關鍵是不要有滿足心。《華嚴經》中說：「清淨心供養，一切諸導師，心常無厭足，究竟成佛道。」我非常喜歡這個教證。不管做任何善事，大家千萬不要有滿足感。比如今天念了一遍《普賢行願品》，這個功德雖然很大，但內心不要滿足，要想到：即使念十萬遍、百萬遍都不足夠，我還要不斷地精進念誦。

對末法時代的眾生來說，雖然釋迦牟尼佛已經涅槃了，彌勒佛還沒有出世，現在見不到真正的如來，不過佛法還沒有隱沒，現在還能見到佛像。希望大家珍惜這種機會，要經常在佛像前作供養。在文革前後一段時間，藏地如果誰家有一尊佛像或者一幅唐卡，這是非常

歡喜的事。記得我小時候，每逢過年鄰居家就會擺出佛像和唐卡作供養，那時我家沒有這些三寶所依，所以我特別羨慕鄰居家。每年過年那天，我和很多小孩都到鄰居家等著看佛像和唐卡。但現在不同了，請一尊佛像或者一幅唐卡不是很難的事情。這也是眾生的福報所感，在佛法隱沒時或者在沒有佛法的邊地，肯定見不到三寶所依。可是很多人卻不珍惜這種因緣，在他們看來，佛像或者唐卡跟世間的廣告沒什麼區別。這種想法是很不好的。在這方面，我跟很多人確實不同，每次見到佛像總是覺得：我能見到佛像，說明自己還是很有福報的，否則，如果自己轉為旁生或者其他人類，可能在百千萬劫中都見不到佛像。

現在有些佛友的家人特別反對佛教，一發現佛像就要砸，所以他們不方便在家中設佛堂，為了避免這些家庭發生內戰，同時也為了方便這些人在上網過程中順便供佛，最近智悲佛網上設了一個虛擬佛堂，聽說在這個佛堂作供養的人比較多。萬法唯心造，在網上佛堂和在現實中的佛堂作供養有同等功德，所以我希望很多人在上網時能順便到網上佛堂供佛。

學習這個偈頌後，我們應該有這種想法：願我生生世世供養諸佛，始終不要有厭倦之心。現在很多人發心幾天就厭倦了。去年我遇到一個道友，他看上去氣色很不好。我問他怎麼了。他說：「因為發心時間太長了，

所以現在有點疲倦了。」不知道他發了多長時間心，可能有無數劫吧。其實這就是凡夫人的毛病。很多凡夫人一做善事就沒精神，身體也不好；做非法之事卻特別有精神，身體也好了。我們這裡有些人就是這樣：聽課的時候一直打瞌睡，一下課就恢復精神了，聊起天來特別有精神。

丁九、受持正法願：

　　願持諸佛微妙法，光顯一切菩提行，
　　究竟清淨普賢道，盡未來劫常修習。

　　願我受持三世諸佛宣說的微妙正法並為眾生開顯一切菩提行，願我令所修之普賢道極其清淨（即遠離自私自利心和三輪執著），並且盡未來一切劫恆常修習。

　　受持正法非常重要。勝鬘夫人發過三個大願：一、以我善根，於一切生得正法智；二、若我所生得正智已，為諸眾生演說無倦；三、我為攝受護持正法，於所生身不惜軀命。世尊非常讚賞這三個發願，說這裡面包括了菩薩恆河沙數大願。

　　（這是我去年在廈門開示護持正法時講的，後來整理在《夢中佛事》這本書中。前一段時間我批評一個道友，他見我生氣了，馬上說：「我正在看您的《夢中佛事》，您在那裡面講勝鬘夫人護持正法的發願，講得挺好的。」也許他真的在看，也許他是為討我歡喜而說的。）

普賢行願品講記

佛教中有很多受持正法的教證。《大寶積經》中說：「我常捨千身，支分及頭目，為求無上道，聞法無厭足。」《守護國界主陀羅尼經》中也說：「若有受持佛法門，即是能知佛恩者。」現在很多人說感恩佛陀，如果真要感恩佛陀，就應該受持正法，這就是感恩佛陀的最好方式。所以大家應該發願生生世世受持佛法、弘揚佛法。

這個偈頌又說到「盡未來劫常修習」，今天已經講了好幾次「盡未來劫」了，大家要記住這個道理，行持善法的時間不要太短。拿念《普賢行願品》來說，不是年輕時念，年老以後就不念了，不是這輩子念，下輩子就不念了。有個人說：「我發願念一個月《普賢行願品》。」念一個月有什麼可說的，這個時間太短了，應該發願生生世世念，乃至獲得佛果之前一直念。

有些人剛來學院時經常念《普賢行願品》，現在根本不念了。其實這樣很不好。我們不要天天口中高談空性，實際行持中連一遍《普賢行願品》都不念。當然，如果整天只是搞一些念誦，智慧方面一點不深入，這也是不行的，聞思和修行應當結合起來，同時進行。有些人說：「我現在專心聞思，五年以後再開始修行。」還有些人說：「我現在學習五部大論，什麼時候可以修行啊？」這些說法都是錯誤的。我們現在每天都可以發願，每天都可以聞思，每天都可以修行。《札嘎山法》

中說：「聞思修行三者必須結合起來而身體力行，就像駿馬吃草嚼草咽草同時進行一樣。」華智仁波切說，在聞法的過程中就具足了六度㉔。所以，修行不需要等到很久以後，現在每天聽聞思維佛法，這就是在轉變自相續，這就是在實地修行。

㉔如云：在聞法之前，擺設法座，鋪陳坐墊，供養曼荼羅以及鮮花等，即是布施度；隨處做些灑水清掃等善事，遮止自己不恭敬的威儀，即是持戒度；不損害包括螻蟻在內的含生及忍受一切艱難困苦、嚴寒酷暑，即是安忍度；斷除對上師及正法的邪見，滿懷虔誠信心、滿懷喜悅之情而聞法，即是精進度；心不散於他處而專心諦聽上師的教言，即是靜慮度；提出疑問、遣除懷疑、斷除一切增益，即是智慧度。

第六課

丁十、獲無盡功德藏願：

我於一切諸有中，所修福智恆無盡，

定慧方便及解脫，獲諸無盡功德藏。

願我在一切三有中受生時，所修的福德資糧與智慧資糧恆時無有窮盡，一緣安住的等持、了達萬法真相的智慧、利益眾生的方便、八解脫等功德無有窮盡，獲得無有窮盡的功德藏。

在受生輪迴的過程中，我們不要像世間眾生一樣毫無實義地感受痛苦，應該精進積累福慧二種資糧。福德資糧是如來色身的因，智慧資糧是如來法身的因，為了獲得具足二身的佛果，就要積累二種資糧。如果我們只修福德而不修智慧，或者只修智慧而不修福德，都是不圓滿的。佛經中說：「修慧不修福，羅漢托空缽；修福不修慧，象身掛瓔珞。」㉓所以大家應該福慧雙修。

對於功德，我們不要有滿足感，如果要有滿足感，就應該對有漏的財物滿足。說得形象一點，我們在善法方面「胃口」要好，如果什麼善法都不想做，說明自己「胃病」很嚴重。現在有些人是這樣的：如果是造惡業，幹這個事興致勃勃，幹那個事也非常開心，白天不

㉓這裡面有一個公案：往昔有兄弟二人出家，一人只修慧而不修福，後來他雖獲得阿羅漢果位，可是化緣時卻經常空缽而回，另一人只修福而不修慧，後來轉生為皇宮中的大象，滿身掛著瓔珞。

第六課

吃飯、黑夜不睡覺都可以；如果是造善業，做這個事不願意，做那個事也沒興趣，甚至聽一兩節課或者做幾個小時善法就開始腰酸背痛，各種不適症狀都出現了。這就是業力深重的表現。而前輩高僧大德則相反，他們就像《大寶積經》中說的那樣，「如水不厭雲，如海不厭水，智人亦如是，不厭善增長」，不管念經、修加行、修正行，只要能調伏自相續或者利益眾生，任何事情都特別願意做，而且始終不會感覺疲勞。

這個偈頌中說：「定慧方便及解脫」，對於大乘行者來說，方便確實特別重要。首先，自己修行需要善巧方便，否則即便整天閉關，效果也不會好。其次，利益眾生更需要善巧方便，否則很難利益眾生。總之，菩薩的修行不能缺少善巧方便，大乘經論經常提到要具足善巧方便。

如果沒有詳細考慮，有些人可能覺得善巧方便沒什麼，人人都應該具足。其實並非如此。有些人對世出世間法很精通，在弘法利生過程中遇到違緣時能立即拿出應對辦法，當身心狀況不好時不會苦苦等死，會想盡辦法解決問題。而有些人則不具足善巧方便，在做事情過程中要麼得罪這個，要麼得罪那個，到哪裡都讓別人看不慣。前輩高僧大德不是這樣的，他們在實修時會得罪一些世間人，但在利益眾生時根本不會得罪人。所以，有些人還是要具足善巧方便，否則，即使你智慧敏銳，悲心強烈，自信心也不錯，可是度化眾生時不一定順

普賢行願品講記

利、成功。

　　大家都會念《普賢行願品》，但不知道你們有沒有想過它的意義？今後，大家除了要念《普賢行願品》，還要多思維其意義。《普賢行願品》中有很多高深的境界，雖然現在我們無法真實行持，但是可以緣它們發願。比如，對於此處提到的智慧、福德、禪定、方便、解脫，凡夫人雖然都不具足，但只要自己發願，以三寶的加持力、自己的發心力、法性諦實力，將來一定會現前這些功德。

　　丁十一（趣入種種法門願）分七：一、趣入佛剎願；二、趣入佛語願；三、趣入佛法願；四、一念入於諸劫願；五、見佛入佛境界願；六、入淨剎願；七、承事未來諸佛願；

　　從這個科判開始，主要宣講修行聖者地的發願。《入中論》云：「由普賢願善迴向，安住極喜此名初。」按《入中論》的說法，只有獲得一地菩薩果位以後，才能以普賢行願善加迴向。凡夫人只會念《普賢行願品》，不會用它真實作迴向。比如，對於「一塵中有塵數剎」，我們現在根本不知道是什麼境界，只有獲得一地菩薩果位時才會恍然大悟：噢，以前我天天念誦這句偈文，原來它是這個意思！

戊一、趣入佛剎願：

> 一塵中有塵數剎，一一剎有難思佛，
> 一一佛處眾會中，我見恆演菩提行。

在一個微塵中有一切世界微塵數的佛剎，每一個剎土中有難以思議的佛，每一尊佛在無量眷屬眾會中恆常宣說菩提行，願我現見此境界。

對於凡夫人來說，很難想像在一個微塵中有無數剎土，不要說這種境界，連在一個山溝中有無數剎土都很難想像。但如果我們證悟了空性，就會知道：既然微塵是無實有的，世界也是無實有的，一個微塵中當然可以容納無量世界。《楞嚴經》中說：「一為無量，無量為一。小中現大，大中現小。於一毛端，現寶王剎。坐微塵裡，轉大法輪。」正因為萬法無有實質，所以這些看似矛盾的現象都可以實現。相反，如果萬法真實存在，那麼大就是大，小就是小，大不可能現於小中，小中不可能現大，就不可能有「一塵中有塵數剎」的情況了。

《米拉日巴尊者傳》記載，米拉日巴尊者的弟子惹瓊巴曾經去印度求學，他在印度學到了很多顯密的竅訣。惹瓊巴學成回藏後，米拉日巴去迎接他。師徒二人見面時，米拉日巴對惹瓊巴態度很一般。惹瓊巴有點不高興，他想：如果換了另一位上師，我此番從印度歸來，一定會對我作盛大的迎接和款待。但我這位上師自己的衣著和享用一向都是最起碼的，他自己都這樣褸衣

普賢行願品講記

敝食，哪裡還談得到款待我呢？我從印度學了這麼多密乘大法，不應再以苦行方式來修習菩提道了，應該以享受欲樂的方法去修行！他一邊想一邊生起傲慢心。米拉日巴知道了他心中的邪念，這時路邊正好有一個牛角，米拉日巴就讓惹瓊巴撿起牛角。惹瓊巴心想：俗話說「瞋心比老狗還狠，貪心比老丐還大」，用這個話形容他真是恰到好處。這個廢牛角既不能吃又不能喝，究竟有什麼用處呢？於是他對尊者說：「算了吧！這個毫無用處的東西，還是不要它吧！」尊者說：「撿起這樣的東西，還不至於增長貪念，不久也許會用得著它。」說著尊者就撿起牛角。他們繼續往前趕路，來到巴姆巴塘的草原中央，這個地方非常空曠，連一個老鼠藏身的地方都沒有。這個時候，本來萬里無雲的天空忽然密布烏雲，冰雹狂襲而下。惹瓊巴無處躲避，只能用兩手緊緊抱著頭。過了一會兒冰雹小了，惹瓊巴四下張望，卻不見了米拉日巴。後來他見到牛角被丟在地上，從牛角中傳出米拉日巴的聲音。惹瓊巴想拾起牛角，可是無論怎樣用力都拿不起來。於是他俯下身子向牛角裡看，只見牛角並沒有變大，米拉日巴也沒有變小，可是尊者卻坐在牛角裡唱歌。惹瓊巴心想：看樣子牛角裡面很大，容下我應該沒問題。於是他嘗試著鑽進去，可是費了半天勁，連頭和手都鑽不進去。這個時候，他才明白上師的功德不可思議，相續中的傲慢才被摧毀。

第六課

《阿育王傳》中記載：阿育王出遊時遇到一個七歲的小沙彌，阿育王將小沙彌帶到無人處頂禮，然後叮囑道：「今天我向你頂禮，希望你不要告訴任何人。」這時路上有一個小瓶子，小沙彌以神通飛進瓶子又飛出來，然後叮囑道：「大王，今天我以神通進出瓶子，希望你不要告訴任何人。」阿育王大吃一驚，從此以後他對任何出家人都很恭敬。

對於大成就者們示現的這種境界，一般人是很難理解的。其實這些道理在《華嚴經》、《大寶積經》等顯宗經典中都有宣說，在密宗的《大幻化網》中有更為細緻的解釋。

普盡十方諸剎海，一一毛端三世海，

佛海及與國土海，我遍修行經劫海。

十方剎海的所有微塵都是如此，每一個毛端包含三世一切佛海和國土海，對於這些不可思議的境界，願我於未來一切劫海恆時修行。

「三世海」是從過去到未來的無量時間。時間是無有邊際的，過去還有過去，未來還有未來。藏地小孩子講故事經常說：「從前從前從前……」，「很早很早很早……以前」。語言有一種奇怪的力量，聽到這樣說以後，人的心好像真的回到了很久很久以前。

對於橫遍十方、豎窮三際的一切剎海中的一切佛

海，我們都要發願以修行趣入，這種修行不是一天兩天、一年兩年，應該是盡未來一切劫。有些人在我們學院住了五六年，下山後到處向人宣揚：「我在五明佛學院學習了五年」、「我在五明佛學院閉關了三個月」。其實這沒什麼了不起的。按《普賢行願品》的要求，應該在無數劫中修行。

對於「剎海」、「三世海」、「佛海」、「國土海」、「劫海」，凡夫人的分別念是很難思維的。《大方等無想經》云「諸佛婆伽婆，所說微妙法，所為諸眾生，悉皆難思議。」我不敢說你們都是凡夫，在你們當中肯定有大菩薩，但如果是和我境界相同的凡夫，對於佛說的廣大甚深妙法的確很難思維。但無論如何，我們要盡量以信心來接受這些道理。

印度某大德造的《普賢行願品釋》中說：「如果能懂得《金剛經》中『一切有為法，如夢幻泡影』的意義，就可以理解普賢大願，因為萬法都如夢幻泡影，所以一塵中可以顯現如海的佛、佛剎。」我覺得這種說法非常有道理。以「如夢」來講，比如一個人晚上睡覺，本來他躺在一個小小的房間裡，可是夢中卻去到一個茂密的森林，本來只是短短的一個夜晚，可是夢中卻經過了很多年。請大家想一想：如果萬法不是無自性的，而是有真實自性的，肯定不可能有這些看似矛盾的現象；正因為萬法是空性的，所以才可以顯現這些現象。

按釋迦莫扎論師的說法，本科判顯示了一地菩薩的境界。一地菩薩圓滿了布施波羅蜜多，具有一剎那震動百世界、面見百如來、度化百眾生等功德。對他們來講，見到一塵中有塵數剎、一一剎有難思佛、一剎那含攝無量劫並不困難。可是對凡夫人來講，要見到這些境界是很困難的，所以我們應該緣這些境界發願：願我獲得一地菩薩果位，願我現前此處所說的一切功德。

發願的力量不可思議。有些修行人本來是地地道道的凡夫，但因為他們的發願力非常強，結果即生中就現前了菩薩的境界，獲得了度化眾生的威力。我認識的有些高僧大德就是如此，他們剛學佛時很平凡，後來卻現前了一般人無法想像的功德，一個人就度化了無量眾生，這就是願力成熟所呈現的結果。所以，只要肯發願，做什麼事情都不困難。善願如此，惡願也是如此。我經常想，希特勒肯定以前發過惡願，當惡願成熟後，他造下殺害無數人的惡業。所以，我們應該常發善願，即使自己的發願今生沒有成熟，未來也不會虛耗。

可喜的是，現在有很多人依靠《普賢行願品》發願。每年的新年，藏傳佛教各教派的高僧大德和修行人都在印度金剛座舉辦祈願法會，共同念誦《普賢行願品》。原來我跟法王去印度時這種祈願法會剛興起，現在已經是一年比一年隆重了。在漢地，也有很多人念《普賢行願品》，很多寺院都有七天念《華嚴經》的傳統。

普賢行願品講記

我相信，將來如果因緣具足，在座很多人肯定有弘揚《普賢行願品》的威力。現在有些道友很不起眼，有時候請假下山辦事，回學院時連買車票的錢都沒有，可是，「十年寒窗無人問，一朝成名天下知」，當這些人的發願成熟時，很可能成為天下聞名的大法師。那時不要說有漏的錢財，也許舉辦十萬人的大法會都不成問題，人們擠破頭都見不到他的尊容。

戊二、趣入佛語願：

　　　　一切如來語清淨，一言具眾音聲海，
　　　　隨諸眾生意樂音，一一流佛辯才海。

　　一切如來的語言極為清淨㉖，如來的每一句話具足無量音聲海，相應所化眾生的意樂，每個音聲又流出佛的無盡辯才海，願我趣入具足如此功德的佛語。

　　佛的語言具足以下幾個特點。

1.一音具無量音

　　世尊初轉法輪時說：「諸行無常，有漏皆苦，諸法無我，涅槃寂靜」，對於佛說的這個道理，人類能以人類的語言理解，天人能以天人的語言理解，其他眾生也能以各自的語言理解。

　　凡夫則不具備這樣的功德，我們現在說一句話，只有人類能聽得懂，其他眾生根本聽不懂。甚至在人類當

㉖如來的語言具足六十種梵音，故極為清淨。

中，用四川話說話，只有四川人聽得懂，其他地方的人不一定聽得懂。

2.隨順眾生意樂

佛說法時，小乘根機的眾生聽到的是小乘法門，大乘根機的眾生聽到的是大乘法門，總之，相應各自根機意樂，每個眾生都能夠聽到相應的佛法。

凡夫人在說法時，有時候對方不但不接受，反而會生起反感。我自己就有這種情況——本來自己不想得罪人，但經常不小心得罪人，所以有時候我在課堂上不敢說很多話。

3.每一音聲流出無量辯才

此處的辯才是善說佛法的才能，也就是佛的四無礙解。不是一般所謂的某人辯才很好，可以當律師，可以當法相師。

結合藏文譯本和漢文其他譯本來看，本偈頌最後如果有「趣入」的文字，意義就比較圓滿了。在不空三藏的譯文中，本偈頌最後一句就是「常皆得入佛辯才。」不空的譯本和藏文譯本比較類似，文末都有《八大菩薩讚》和《速疾滿普賢行願陀羅尼》。複印室給大家發了不空的譯文，講考班的道友可以參考一下。

（講考班有些人以前聽課從來不作筆記，一直目視虛空打坐，但今年我們要求比較嚴，所以80%的人都作筆記。我不知道其他人聽課態度如何，我不太放心在家裡或者在網上聽課的人，他們也許

普賢行願品講記

一邊聽課一邊做其他事。佛語是很深的，有智慧的人心專注都很難聽懂，更何況一般的人以散亂心聽？所以希望大家聽課時要認真。不管你是不是講考班的人，聽課時都要有這種心態：如果讓我講這個頌詞，我該怎麼講？聽完課以後，至少要搞懂字面意義。我們每天念《普賢行願品》，如果一點意義都不懂，萬一有人問：「你不是天天念《普賢行願品》嗎？你可不可以給我解釋這個頌詞？」那個時候你不能說：「我今天頭痛，你自己看講義吧。」「我們還是談點其他話題吧，你最近身體好不好？」這樣糊弄別人是不行的。）

言歸正傳，如果我們獲得了佛的清淨語，就能於一音聲流出無盡辯才，這樣度化眾生就方便了，不管在哪裡講經說法，都能讓眾生得到利益。

其實，和佛的色身相比，佛的語言更為重要。為什麼呢？以釋迦牟尼佛來說，他的色身雖然有很多功德，但顯現上只在南瞻部洲住世了81年㉗，在81年裡接觸世尊的人並不多。相比之下，如今世尊圓寂已經2500多年了，在此期間有無量眾生依靠佛語得到度化。因此，和佛身相比，佛語更為重要。

同理，在依止上師過程中，與接近上師的色身相比，接受上師的語言更為重要。法王如意寶住世71年，在71年裡，不管法王四處巡遊還是安住一處，真正見過

㉗對此歷史上有不同說法，但一般來講，在大多數人的共同顯現前，世尊是81歲圓寂的。

法王的人並不多，而接受過法王教言的人則非常多。從歷史上看，宗喀巴大師、麥彭仁波切等高僧大德住世的時間都不長，當他們的色身住世時，人們不一定都生起信心，可是當這些高僧大德圓寂以後，他們的著作卻利益了千秋萬代的眾生。

《大寶積經》中說：「一切難思議，諸佛法如是，有能奉信者，是為善住信。」（在一切所知法中，最難以思議的是諸佛所說之法，如果有能信奉佛法之人，此人就善能安住對佛的信心。）我們確實很需要對佛的信心，這種信心要依靠佛語才能延續下去，所以大家應該努力對佛語生起信心。

學習這個偈頌後，我們要發願：願我趣入佛的語言海，願我具足佛的辯才。退一步講，如果沒有佛的辯才，應該有大菩薩的辯才，如果沒有菩薩的辯才，也應該有善知識的辯才。

很多善知識不僅具足無偽的菩提心，也具足超勝的辯才。昨天我聽了一張法王講課的光盤，在聽光盤的過程中，我一直有這種想法：當年自己依止法王時確實沒有發現上師的如海辯才和智慧，有時候還覺得法王和自己是一樣的，甚至會產生邪見——法王這個地方說錯了，這個地方又念錯了。現在自己才知道，真正的善知識來過這個世界，雖然他的色身已經離開了，可是他把最珍貴的法寶留在了人間。

普賢行願品講記

最近，我以長行散句形式翻譯了法王的《無常道歌》，每天在微博上發布一段，算是和佛友們分享上師的智慧。這首道歌非常殊勝，通過其中一段內容，也能對無常生起深刻的理解。如云：「秋天，朵朵白雲親密地堆積在一起，像層層疊疊的雪山峻嶺，剎那之間卻又消失於虛空，不留下一絲痕跡。這一切的一切，難道不都是在向厭世者們喻示著：『今生今世的一切榮華安樂，都是漂泊不定、不可信賴的』嗎？」如果你深深思維這段道歌，內心肯定會對無常有深刻的感悟。

這個科判顯示了二地菩薩的境界。二地菩薩圓滿了戒律波羅蜜多，他們相續中有清淨的戒律，無有任何破戒的垢染，所以叫做無垢地。

第六課

戊三、趣入佛法願：

　　　　三世一切諸如來，於彼無盡語言海，

　　　　恆轉理趣妙法輪，我深智力普能入。

三世一切如來以無盡語言海恆時轉動妙法輪，願我以甚深智慧力能普遍深入這些妙法。

智慧非常重要，有了智慧才可以趣入諸佛所說之法，否則很難趣入佛說之法。甚至幼兒園老師「轉法輪」時，智力太差的孩子都聽不懂。所以我們要發願：當諸佛為眾生廣轉法輪時，自己要以甚深的智慧趣入佛說之法。

當然，要趣入諸佛所說之法，除了需要甚深的智慧，還需要強烈的信心。為什麼呢？因為佛法是如來的境界，它是甚深不可思議的，如《大乘密嚴經》云：「嗚呼大乘法，微妙不思議」。所以，凡夫人以自己的智慧很難趣入微妙不思議的佛法。但如果有了強烈的信心，雖然佛法甚深不可思議，還是有趣入的機會。如《佛說華手經》云：「諸佛難思議，法亦難思議，若能信此者，報亦難思議。」

《普賢行願品》中講了很多不可思議的境界，要接受這些境界是需要信心的。我經常想，只有純粹的大乘佛教徒，尤其是根機比較好的人，才可以接受《普賢行願品》。如果是一般的燒香拜佛者或者對大乘佛法半信半疑者，恐怕連讀都不願意讀這樣的經典，即使勉強去讀也很難接受裡面的甚深境界。

當年釋迦牟尼佛初中後三轉法輪時，我們沒有緣分親自聽聞，但現在我們有機會學習世尊的教法，還算是非常幸運的。在此過程中，如果暫時不能通達佛法的意義，就要發願早日獲得聖者的果位，那時就能趣入佛法的甚深境界了。如果現在我們天天依靠《普賢行願品》發願，總有一天會實現自己的心願。就像小孩子天天念《弟子規》、《千字文》，長大以後就會明白：原來我天天念誦這些典籍，這對我的成長確實是有利的。同樣，將來我們登地以後，一回憶就會知道：原來我在一

個經堂裡天天念《普賢行願品》，這對我成就菩薩果位確實是有幫助的。所以，大家現在應該不斷地按照《普賢行願品》發願。

這個科判顯示了三地菩薩的境界。三地菩薩圓滿了安忍波羅蜜多，他們通達諸佛所說之法的甚深意義，能以智慧日光遣除眾生的無明黑暗，所以叫做發光地。

第六課

第七課

戊四、一念入於諸劫願：

> 我能深入於未來，盡一切劫為一念，
>
> 三世所有一切劫，為一念際我皆入。

願我能一念間深入未來一切劫，未來一切劫都於一念間顯現，願我能一念間深入三世所有一切劫。

所謂入於未來一切劫，意思就是趣入未來一切諸佛的行境。未來有彌勒佛、勝解佛等無量諸佛出世，我們要發願於一念頃深入這些如來的行境。入於現在、過去一切劫也應如是理解。對於這個道理，印度某大德的《普賢行願品釋》說得非常清楚：「所謂深入未來一切劫，不是單單入於未來的時間，在未來一切劫中有無數如來、菩薩、聲聞，這些聖者具有不可思議的等持、智慧等功德，在未來一切劫中還有無數六道眾生，這些眾生具有不可思議的煩惱和業障，對於淨與不淨剎土或者上至佛陀下至地獄眾生的所有行境，我們要發願於一念間趣入。為什麼要發願趣入清淨聖者的行境呢？是為了聽聞佛法，獲得諸佛菩薩的加持，最終現前智慧、方便等出世間功德。為什麼要發願趣入不清淨眾生的行境呢？是為了以佛法饒益這些眾生。」

這個偈頌其實是發願現前聖者的境界。凡夫人不可能一剎那中行持無量善法，但是登地的菩薩卻可以做

普賢行願品講記

到。《入中論》中說，一地菩薩具有十二種百功德，如一剎那震動一百個世界，一剎那度化一百個眾生，一剎那示現百種法門，等等。如果我們實現了一念入於無量劫的發願，就能在一剎那中行持無量善法了。

《華嚴經》云：「無量無數劫，能作一念頃，非長亦非短，解脫人所行。」（無量劫能容納於一念頃，而一念頃沒有變長，無量劫也沒有變短，這就是解脫者的行境。）對凡夫來說，一念頃就是一念頃，無量劫就是無量劫，二者根本無法互融。而對解脫者來說，不僅念劫可以互融，並且一可以變成多，多可以變成一，有可以變成無，無可以變成有，什麼樣的境界都可以示現。

雖然現在我們做不到一念入於一切劫，甚至一天入於一萬年都很困難，但只要自己不斷地積累資糧、行持善法，經常發願獲得這種境界，將來總有一天會登地，那時就能於一念深入一切劫了。

這個偈頌講了第四地的境界。四地菩薩圓滿了精進度的修行，此地菩薩以大精進遣除了懈怠，現前了智慧的光芒，所以叫做焰慧地。

現在我們念誦《普賢行願品》時，對於其中的很多境界是無法想像的，就像按照成人的智慧標準給兩三歲的孩子講課，孩子根本接受不了一樣，因為小孩子耽著的只是玩具，他們只能理解1、2、3。不過，雖然我們暫時沒有《普賢行願品》的境界，但是當我們證悟了萬法

在勝義中離一切戲論、在世俗中如夢如幻時，就可以現前這些境界，所以大家應該努力培養空性智慧。

通達空性特別重要。凡夫人對我和我所特別執著，對親友和怨敵的態度是截然不同的，如果要求他們平等對待親友和怨敵，這是絕對做不到的。他們會想：敵人就是敵人，親人就是親人，怎麼可能平等呢？但是，很多佛教徒通過修行卻做到了這一點，他們將親怨完全視為平等。以此類推，雖然現在我們無法現前一念入於一切劫的境界，但只要證悟了空性，就會現前這種境界。

在《大乘止觀法門》中，以做夢、醒覺之間的對比，闡述了時間無有真實長短之理㉘。以前你們學過《醒夢辯論歌》，那裡面對這個道理也有詳盡宣說。大家應該看看這些論典，這能增進對於時間無自性的認識。

戊五、見佛入佛境界願：

在其他科判裡面，「見佛」是一個科判，「入佛境界」是另一個科判，一個偈頌分成了兩部分。但我認為，一個偈頌最好攝在一個科判內，所以我採用了一個科判。

㉘如云：我今又問汝，汝嘗夢不。外人曰。我嘗有夢。沙門曰。汝曾夢見經歷十年五歲時節以不。外人曰。我實曾見歷涉多年，或經旬月時節，亦有晝夜，與覺無異。沙門曰。汝若覺已自知睡經幾時。外人曰。我既覺已借問他人，言我睡始經一食頃。沙門曰。奇哉，於一食之頃，而見多年之事。以是義故，據夢論夢，夢裡長時便則不實。據夢論覺，覺時食頃亦則為虛。若覺夢據情論，即長短各論各謂為實，一向不融。若覺夢據理論，即長短相攝，長時是短，短時是長，而不妨長短相別。

這次傳講《普賢行願品》，我採用的科判是綜合印度龍樹菩薩、世親論師、陳那論師以及藏傳佛教某些大德的科判後擬定的。以前我看過能海上師等大德擬定的《普賢行願品》科判，但是我感覺這些科判看起來不是一目了然。這次我用的科判比較簡明易懂，單看科判基本上就能知道《普賢行願品》的大概內容。現在你們也許體會不到這個科判的優點，但是如果以後你們按照它來講《普賢行願品》，就會知道其中的好處。

我於一念見三世，所有一切人師子，

亦常入佛境界中，如幻解脫及威力。

願我在一念中見到過去、現在、未來一切諸佛，而且恆常入於佛的微妙境界，具足如幻解脫以及如幻解脫的威力。

要一剎那見到過去、現在、未來諸佛，對凡夫人來說是很困難的。在一般人看來，要見到現在佛是可以的，可是過去和未來不同於現在，怎麼可能同時見到三世佛呢？但對大菩薩來講，這完全是可以做到的。為什麼呢？因為一切萬法在勝義中是了不可得、遠離四邊八戲的，在世俗中是現而無自性的，跟幻化沒有差別，既然一切顯現都是幻化無實的，那當然可以一剎那見到三世諸佛。

了知諸法如幻非常重要。《大寶積經》云：「若了一切法，皆同於幻化，是人則能現，百億諸佛身。」所

第七課

以，如果有人能通達一切法都如同幻化，這個人就能變現百億佛身，此人也能得到諸佛菩薩的不可思議境界。

　　我在法王面前聽過兩次《普賢行願品》，一次是法王結合門朗譯師的注釋講的，另一次是直接講頌詞。我記得法王在講「如幻解脫」時說：一切諸法都是如夢如幻的，通達這個道理很重要，很多非常了不起的高僧大德不僅在一世，在許多世都宣說如幻法門。接著，法王講了一個阿底峽尊者的公案。

　　阿底峽尊者曾經和一個名叫精幢的弟子住在廣闊神山。有一天，精幢問尊者：「佛陀在有關經典中經常講到諸法如幻，怎樣才能對此產生深刻的理解？」尊者說：「我用一個故事向你說明這個道理。從前有一個叫幻賢的幻師，還有一個叫月賢的商人，他們倆是好朋友。幻賢喜歡幻化各種東西，而月賢則喜歡駿馬。有一天，月賢對幻賢說：『你經常幻化各種東西，可是這些幻化的東西既不能吃、也不能穿，這有什麼用呢？還不如有一匹駿馬，可以策馬在草原上奔馳，這也是一種享受。』幻賢聽後沒有作聲，這件事也就過去了。

　　有一天月賢和妻子在家裡，月賢的妻子在織毛線，到中午毛線剛織了一半，於是她放下毛線和月賢吃午飯。午飯吃到中間，月賢起身到門外轉了一下，恰好看到幻賢騎著一匹馬來。月賢問：『你騎著馬來幹什麼？』幻賢說：『你不是很喜歡馬嗎？這匹馬很不錯，

普賢行願品講記

你要不要買？』月賢說：『讓我先試試吧。』於是他騎上馬向遠方馳去。騎了一會兒，月賢感覺不對勁了——這匹馬越跑越快，後來完全失控，簡直就像飛一樣。

　　就這樣，這匹馬載著月賢越過千山萬水，經過了無數世界，最後在一個荒無人煙的地方停了下來。此時月賢頭昏眼花，不要說回自己家，連來的方向都記不清了。月賢內心很淒傷：這個地方不要說人類，連動物的聲音都聽不到，真是太荒涼了。正在悲傷之時，月賢看見遠方有一對母女，於是他慢慢地走了過去，跟她們聊了起來。那個母親說：『我們也是從很遠的地方漂泊到這裡的，這個地方除了少許水果，其他任何食物都沒有。』可憐的人聚在一起，免不了互相可憐一番，月賢也傷心地說：『你們在這裡無依無靠，我也是除了一匹馬以外什麼都沒有……』後來，他們就在一起生活了。月賢也順理成章地跟那個女兒成了家。多年以後，那個母親已經離開人間，月賢也有了兩個兒子。

　　有一天，月賢的兩個兒子在河邊玩耍。小兒子踩到一塊石頭，不小心滑倒在水中，結果被河水沖走了。他一邊在水中翻身掙扎，一邊大聲喊著：『哥哥，救救我！』大兒子為了救弟弟，不顧一切地衝向河中，結果也被水沖走了。他也大聲喊著『媽媽，救救我！』為了救孩子，月賢的妻子衝向河中，結果也被水沖走了。等月賢趕到河邊時，母子三人都被沖走了。

短短一瞬間，所有的親人都沒了。面對家破人亡的悲劇，月賢非常痛苦，他想：如果我還年輕，也許還有生存的勇氣，可是現在自己頭髮已經白了，牙齒已經脫落了，身體也很難支撐了，已經成了這麼年邁的人，現在我該怎麼辦呢……

正在極度傷心時，忽然周圍的一切消失了，月賢好像從夢中一樣清醒過來，他發現自己還在原來的家門前。月賢恍恍惚惚走進屋子，看見原來的妻子在邊唱歌邊做事，他不禁怒從心來：『我受了這麼大的苦，你還這麼高興地唱歌？』妻子說：『你是不是瘋了？你到底是什麼意思啊？』於是月賢講述了自己多年漂泊的經歷。妻子根本不信：『你不要胡說！剛才我們不是在吃飯嗎？你好好看看——我織了一半的毛線還放在那裡，你碗裡的茶還沒有涼，你哪裡有這麼多年的經歷啊？』月賢一看，織了一半的毛線還放著，碗裡的茶正冒著熱氣。這個時候他才明白過來，原來自己是在短短的時間裡度過了幻化的一生。」

故事講完以後，阿底峽尊者對精幢說：「當時的月賢是你，當時的幻賢就是我，我在前世以幻術給你顯示了諸法如幻的道理，今天我再次給你宣講如幻法門。」

通達諸法如幻是一種殊勝的功德，如果我們通達了諸法如幻，不管自己修行還是度化眾生，都可以輕鬆地成辦。

普賢行願品講記

這個頌詞講了第五地的境界。五地菩薩圓滿了禪定波羅蜜多，一切魔眾難以勝過他們，所以叫做難勝地。

戊六、入淨剎願：

> **於一毛端極微中，出現三世莊嚴剎，**
>
> **十方塵剎諸毛端，我皆深入而嚴淨。**

在一毛端的極微塵中出現十方三世一切佛剎的莊嚴，法界所有的毛端中都呈現一切佛剎的莊嚴，願我能深入這些清淨莊嚴的佛剎。

從字面上看，所謂「我皆深入而嚴淨」，意思似乎是「我深入並且莊嚴清淨一切佛剎」，但實際上，它的意思是「我深入一切莊嚴清淨的佛剎」。在不空的譯本中，這句經文是「能入諸佛嚴剎土」，藏文譯本也是這樣說的。

對我們來說，不要說在一毛端中，在一個山溝或者房子裡顯現十方三世佛剎也是不可能的。《佛說華手經》云：「佛於一毛孔，所現神通力，所利益眾生，尚不可思議。」對我們現在來說，要在一毛孔中示現無量神通並且利益無量眾生，這根本是不可能的，不要說利益無量眾生，連一個眾生都利益不了。但如果我們有了不可思議境界，就可以做到這些事情。關於這方面的道理，《華嚴經》、《大寶積經》等了義經典中說得很清楚，在密宗裡說得更清楚，如果學了《金剛薩埵幻化

網》，大家就會明白這個道理。

在凡夫人眼裡，大小是相違的——微塵就是微塵，須彌山就是須彌山，須彌山無法容納於微塵中，微塵也不能變成須彌山那麼大，同樣，念劫、多少、長短、橫豎、水火也是相違的。雖然凡夫人認為這些現象是矛盾的，但因為一切萬法無有實質，所以諸法是圓融無違的。現在我們要見到一毛端中現無量佛剎是很困難的，但如果自己證得了諸法如幻，那個時候就猶如一碗水映現山河大地一樣，自己也能見到一毛端中現無量佛剎。

世界上有很多超乎人們想像的稀奇事。我遇到過一位出家人，他念誦咒語作加持後，嘴唇和舌頭接觸熾熱的鐵塊時不會被燙傷。在我們看來，這完全是相違的，本來身體接觸熾熱的鐵塊肯定會被燙傷，可是成就咒力的人卻不會被燙傷。這種事情雖然很不可思議，但確實是真實的，所以我們應該相信。

以前有兩個道友辯論，一個人說：「這種事情我沒見過，所以我不會承認。」另一個人說：「你沒見過的事情多的是，難道你都不承認嗎？」他說得很對，凡夫人沒見過的事情多的是，我們的肉眼只能看見五蘊的粗大部分，如果死死執著「眼見為實」，那肯定是大錯特錯。

這個科判講了第六地的境界。六地菩薩圓滿了般若波羅蜜多，現前了佛的無分別智慧，所以叫做現前地。

戊七、承事未來諸佛願：

　　所有未來照世燈，成道轉法悟群有，

　　究竟佛事示涅槃，我皆往詣而親近。

　　所有未來諸佛成道、轉法輪、開悟群生乃至究竟事業而示現涅槃的時候，願我都前往這些如來之處並親近、承事、供養他們。

　　依靠佛的智慧光明，能遣除眾生外內密的黑暗，使眾生獲得八聖道的功德並趣入解脫寶洲，所以佛可以稱為「照世燈」。文革期間，某些人也被稱為「明燈」，但這只是吹捧而已，沒有任何實義。

　　在《願海精髓》中，法王也有類似的發願：「未來導師九百九十六，於此剎中示現成佛時，恆時隨行願成勝弟子，願獲廣弘事業威猛力。」我們應當隨學法王發願：未來賢劫有996尊佛會來到人間示現成佛、轉法輪乃至涅槃，當這些如來出世時，願自己不要像現在一樣不見佛身、不聞佛語，要值遇這些如來並成為他們的殊勝弟子。

　　如果我們在釋迦牟尼佛的教法下發願，將來就會值遇諸佛並獲得解脫。《彌勒下生經》說，凡是在釋迦牟尼佛教法下受持一分戒律的人，不管出家人還是在家居士，彌勒佛出世時都會首先得到度化。釋迦牟尼佛在《大悲經》中告訴阿難：在我的教法中，即便戒律不清淨的人，從彌勒佛到盧遮佛之間必定會獲得成就，甚至僅僅稱念「南無佛」也會獲得解脫。

第七課

從這些教證我也想到：世界上有很多根本不信仰佛教的人，包括個別道友的家人也是如此，即生中我們根本沒辦法度化這些人，但是我們可以勸誘他們念幾句「南無佛」，這樣也可以令他們播下解脫的種子。前天晚上，有個道友在講考時說：「有些具足善巧方便的法師在大學演講時，要求聽眾念『南無布達雅，南無達瑪雅，南無桑嘎雅』，而有些人到大學後一開口就講空性。」（我當時開玩笑地問他：「你說的後者是不是我？」）這個道友說得很有道理，如果是具有善巧方便的人，遇到不信佛的人時會想辦法讓對方念幾句三皈依，這樣的話，未來諸佛出世轉法輪時，這些人就會蒙受諸佛度化。

普賢行願品講記

為眾生創造解脫的機緣是每個大乘佛子義不容辭的責任。大家要經常想到：自己身邊有許多可憐的眾生，怎樣才能度化他們？有時候我在大城市，感覺好像在螞蟻窩裡一樣：到了火車站，好像世界上所有的人都在乘火車；到了飛機場，好像世界上所有的人都在乘飛機；到了醫院，好像世界上所有的人都在生病；到了百貨商場，好像世界上所有的人都在買東西⋯⋯在這麼多眾生當中，大多數人連一句佛號都沒聽過，這些眾生確實非常可憐，我們應該想方設法度化他們。

以前法王在印度金剛座作《願海精髓》時，也要求我們像他一樣發願。法王當時說：「我們現在應該這樣發願：未來諸佛在印度示現成道、轉法輪、涅槃時，我

們一定要成為他們座下的弟子，哪怕變成他們面前的一隻小蟲也可以。」

在座的人每天都念《普賢行願品》，有些人閉著眼睛念，有些人睜著眼睛念，不管大家怎樣念，內心一定要隨文發願。我講一遍《普賢行願品》後要起到作用，以後你們念誦要經常按照願文觀想。如果不能經常觀想，在特殊的地方（如在佛教的聖地、殊勝的佛像前）或者特殊的日子（如參加金剛薩埵法會時或者世尊成道日）要觀想：未來諸佛成道時，願我像大梵天和帝釋天一樣勸請他們轉法輪，當他們轉法輪時，願我像釋迦佛座下的五比丘一樣成為最初追隨者，當他們示現涅槃時，願我像阿難一樣陪在身邊……

這個頌詞講了第七地的境界。由於此地菩薩無須加行便能起入滅盡定，與凡夫生死之道相去甚遠，所以叫做遠行地。七地菩薩圓滿了方便波羅蜜多，因為他們具足了各種殊勝方便，所以堪為諸佛事業的殊勝弘揚者。

第七課

丁十二、獲廣大力願：

　　速疾周遍神通力，普門遍入大乘力，
　　智行普修功德力，威神普覆大慈力，
　　遍淨莊嚴勝福力，無著無依智慧力，
　　定慧方便威神力，普能積集菩提力。

此處講了八地菩薩的十種廣大能力㉙。所謂「力」，其體相是不被違緣所摧毀。我們應該發願獲得這十種力。

1・「**速疾周遍神通力**」，願我成就迅速周遍所有世界的神通力。

《大智度論》中說：「譬如鳥無翅不能高翔，菩薩無神通不能隨意教化眾生。」因此，如果我們要度化眾生，一定要具足神通。以神足通而言，如果有了這種神通，不管想到東南西北的哪個世界去利益眾生，都可以迅速到達。所以我們要發願早日獲得神通力。

2・「**普門遍入大乘力**」，願我成就普門遍入大乘的力量。

「門」是趣入大乘的途徑，「普門」就是一切趣入大乘的途徑，「大乘」就是以方便法快速圓滿福慧資糧的法門，「大乘力」就是快速圓滿福慧資糧並且度化眾生的能力。我們發願時要這樣想：在這個世界上有很多大乘根機的眾生，這些眾生中的很多人還沒有趣入大乘道，願我能隨他們根機而顯示大乘法理，令他們獲得大乘佛法，不要入於二乘道和世間道，要趣入究竟的大乘解脫道。

3・「**智行普修功德力**」，願我獲得能普修功德的

㉙對於此處的十種力，有些法師解釋為如來的十力。其實這種說法不太恰當，此處主要講第八地菩薩的境界。

智行力。

如果這句頌詞譯為「普修功德智行力」，就會好理解一些。智力是智慧力，行力是行動力，有了這兩種力量，才能普遍修持甚深廣大的功德。我們應當發願盡快獲得普賢菩薩的智行力，以便早日圓滿成佛所需的功德。

現在有些人修持善法很費力，這些人應該發願具足普賢菩薩的能力，如果有了普賢菩薩的能力，就能自在地度化眾生、弘揚佛法，就能現前《普賢行願品》中的各種不可思議功德。

4．「威神普覆大慈力」，願我獲得普覆一切眾生的大慈力。

大慈心是願一切眾生離苦得樂的善心，就像天空能覆蓋所有的世界一樣，大慈心的威神力能覆蓋所有的眾生。現在我們的慈心只是針對個別親朋好友，不能覆蓋所有的眾生，所以我們要發願具足覆蓋一切眾生的大慈心。

5．「遍淨莊嚴勝福力」，願我成就周遍清淨莊嚴的殊勝福德力。

以殊勝的福德力能周遍清淨莊嚴一切器情世界。如何獲得福德呢？應該行持布施、持戒等善法。當然，最根本的辦法還是發菩提心。佛經中說，菩提心的福德如果有色相，即便虛空界也難以容納。所以，大家應該依

靠發菩提心積累殊勝的福德。

6·「無著無依智慧力」，願我獲得無有執著、無有所依的智慧力。

一切萬法都是無實的，如果通達了萬法本性，就能獲得三輪體空的智慧。此智慧是入定的根本智。

7·8·9·「定慧方便威神力」，願我獲得一緣安住的禪定力、取捨善惡的智慧力、度化眾生的方便力。此處的智慧是出定的後得智。

10·「普能積集菩提力」，願我獲得普能積集如來功德法的菩提力。

以上簡單介紹了十種力，大家要發願早日現前這十種力。

這個科判宣說了第八地的境界。八地菩薩圓滿了願波羅蜜多，由於此地菩薩不為任何粗細煩惱所動，所以叫做不動地。

普賢行願品講記

第八課

丁十三、修行妙法願：

> 清淨一切善業力，摧滅一切煩惱力，
>
> 降伏一切諸魔力，圓滿普賢諸行力。

1.「**清淨一切善業力**」，願我獲得清淨一切有漏業的能力。

為什麼眾生從無始以來一直漂泊輪迴、流轉生死？就是有漏業力支配所致。《俱舍論》中說，有漏業有三種：不善業、有漏善業和不動業。乃至沒有清淨一切有漏業之前，眾生不可能獲得解脫。要清淨有漏業，首先要從清淨不善業開始，之後再清淨有漏善業和不動業。我們要知道，其實，清淨有漏業就是積累無漏業的過程，積累無漏業的途徑很多，作為初學者，主要是從發願入手。

通過學習《普賢行願品》，希望很多人以後廣發善願，千萬不要發惡願，否則是很不值得的。人的生命很脆弱，很難說能在世上住多久。《勝軍化世百喻伽他經》云：「水滴地上非久住，可喻人生命不堅。」一滴水在地上不可能存留很久，只要太陽一出來就會消失，從表面上看，很多人身體很不錯，其實他們的壽命就像水滴一樣脆弱不堅，四大稍微不調或者業力現前時就會離開世間。所以，大家要好好利用短暫的人生，每天要

盡量發善願，千萬不要發惡願。

　　學習《普賢行願品》以後，大家應該在實際行動中有所體現——以前你不念《普賢行願品》，以後每天至少念一遍。其實，念一遍《普賢行願品》連十分鐘都不要，語速快的人幾分鐘就能念完一遍。只要自己重視，誰都有時間念《普賢行願品》，即使在出差的時候，不管坐車還是乘飛機，隨時隨地都可以念《普賢行願品》。

　　我認識一位老出家人，「文革」期間，每次開會他都捧著一本《毛主席語錄》默念，後來我發現了其中的奧妙——外面套著《毛主席語錄》，裡面其實是《普賢行願品》。由於他每天不間斷地念，幾十年念下來，每頁經文下邊都被手指磨爛了。我還聽說過一個出家人，他會背誦《普賢行願品》，文革期間他在監獄裡默念了十萬遍《普賢行願品》。所以，只要有恆心，在那麼困難的年代也能堅持自己的修行。

　　在藏文譯本中，這句偈文是「清淨一切諸業力」。我覺得這樣比較好理解。因為「諸業」包括了需要清淨的不善業、有漏善業和不動業。當然，要清淨一切有漏業，首先要清淨一切不善業。如果我們清淨了身口意所造的惡業，很快就能獲得涅槃。如《大方廣三戒經》云：「若身無惡業，口業亦無惡，意業悉清淨，速疾至涅槃。」

普賢行願品講記

2.「摧滅一切煩惱力」，願我獲得摧滅一切煩惱的能力。

煩惱分為根本煩惱和隨煩惱，隨煩惱又分為大隨煩惱、中隨煩惱和小隨煩惱。眾生相續中有不知取捨的無明，由於被無明愚癡所覆蓋，眾生遇到悅意對境會生起沸水般的貪心，遇到不悅意對境會生起猛火般的嗔心，進而在煩惱推動下會造作各種有漏業，因此，煩惱就是眾生流轉輪迴的根本因。我們應該發願通過觀修無常、無我等妙法，把相續中的煩惱無餘摧毀。

3.「降伏一切諸魔力」，願我獲得降伏一切諸魔的能力。

魔是四魔——蘊魔、煩惱魔、死魔、天子魔。煩惱魔剛剛分析過了（摧滅一切煩惱力）。蘊魔就是五蘊積聚而成的生死苦果。死魔就是此世的命終。天子魔就是欲界天的魔王，他每天對眾生射出貪心、嗔心、吝嗇、我慢、嫉妒的毒箭。

怎樣降伏諸魔呢？如果我們證悟了粗大五蘊為無緣空性，就能降伏蘊魔；如果我們證悟一切心識離戲寂滅，就能降伏死魔；如果我們修持大慈大悲心，就能降

⑳根本煩惱有六：貪、嗔、癡、慢、見、疑。大隨煩惱有六種：愚癡、逸、不信、懈怠、昏沉、掉舉。為何叫大隨煩惱？因為它們恆時隨從一切煩惱心而生。中隨煩惱有兩種：無慚、無愧。為何叫中隨煩惱？因為它們隨從一切不善心而生。小隨煩惱有十種：怒、恨、諂、嫉、惱、覆、吝、誑、驕、害。為何叫小隨煩惱？因為它們是所斷種類渺小、相應助伴渺小、所依來源渺小的心所。

伏天子魔。當年世尊成道時，就是對欲天為主的一切魔眾生起大慈大悲心，以大慈大悲心的力量，魔眾射向世尊的所有兵刃都變成了花雨。當然，如果能像米拉日巴尊者那樣，認識到魔眾皆為心之幻化，也能降伏一切天子魔。

以上三句偈文是摧毀業障、煩惱障、魔障這三障的殊勝發願。

4.「**圓滿普賢諸行力**」，願我獲得圓滿行持普賢妙行的能力。

我們應該圓滿行持《普賢行願品》中的發菩提心、六度萬行等善法，這樣才能圓滿福慧二種資糧。《大圓滿心性休息實修法》中講了大士八大願：但願我有朝一日能遣除一切眾生的痛苦；但願我有朝一日能令苦難眾生具大財富；但願我有朝一日能以自己的血肉之軀利益眾生；但願我有朝一日能饒益長久墮於地獄中的眾生；但願我有朝一日能以世間、出世間的廣大財富滿足眾生希求；但願我有朝一日成佛後定能去除眾生的一切痛苦；但願我生生世世中斷除一切損害眾生之行，不唯住勝義之一味寂滅，不言令眾生不悅之語，不行不利他眾之事，不轉成有害於眾生的身體、智者、富翁，不喜損害他眾；但願我有朝一日能令一切眾生罪業果報成熟於自身，自之善果成熟於眾生令彼等享樂。如果我們圓滿了普賢諸行力，就能真實行持這八大願。

普賢行願品講記

法王如意寶說，《普賢行願品》的所有內容都可以包括在這個偈頌中。1990年，法王去印度朝聖，一連好幾天轉繞金剛座的大菩提塔，當時法王念的就是這個偈頌。1997年，法王依靠這個偈頌制定了未來四年的傳法計劃，按照法王的安排：第一年以「清淨一切善業力」為居士為主傳講《百業經》，第二年以「摧滅一切煩惱力」為藏族尼眾為主傳講《入菩薩行論》，第三年以「降伏一切諸魔力」為漢族弟子㉛為主傳講《大幻化網總說光明藏論》，第四年以「圓滿普賢諸行力」為藏族喇嘛為主傳講《上師心滴》。法王說：「我依靠這四句偈頌為學院的四眾弟子制定四年傳法計劃，我發願不管遇到什麼違緣都要完成四年傳法計劃。四年傳法圓滿後，往後的去向就不定了。」很多老弟子對法王的這些話應該有印象。四年傳法圓滿以後，法王確實再沒有講比較大的法，後來雖然法王也講了《寶性論》和《大圓滿前行》，但只是像念傳承一樣一帶而過，沒有像以前那樣廣講。

　　我記得法王還講過，不管朝拜神山還是拜見高僧大德，發願的時候最好是念《普賢行願品》和《文殊大圓滿基道果無別發願文》，如果實在沒有時間，只念這個偈頌也可以。今天我們一起念三遍吧。（上師帶領大眾念誦。）

㉛喇榮五明佛學院的漢族弟子統稱為「金剛降魔勝利洲」。

這個頌詞顯示了第九地的境界。九地菩薩圓滿了力波羅蜜多，能夠摧毀一切違品，獲得了四無礙解，由於此地菩薩具足善妙的智慧，所以叫做善慧地。

丁十四、廣大事業願：

　　普能嚴淨諸剎海，解脫一切眾生海，
　　善能分別諸法海，能甚深入智慧海。
　　普能清淨諸行海，圓滿一切諸願海，
　　親近供養諸佛海，修行無倦經劫海。

這兩個偈頌是發願獲得菩薩的八種廣大事業。

1.「普能嚴淨諸剎海」，願我能令一切如海剎土清淨莊嚴。

我們這個世界亂糟糟的，到處骯髒不堪，即使每天打掃也沒用，而且還有烏雲、狂風等不吉祥的景象。我們在發願時應該想：法界中有無量的世界，願這些世界不要像娑婆世界一樣，希望通過我的修行和努力，這些世界都像西方極樂世界或者東方琉璃世界一樣清淨莊嚴，所有這些世界都以七寶為地，以八功德水為浴池，樓閣殿堂等莊嚴應有盡有。

2.「解脫一切眾生海」，願我能令一切如海的六道眾生獲得解脫。

娑婆世界哪裡都是眾生：旁生那麼多，餓鬼那麼多，地獄有情那麼多，人也那麼多……學習這句偈文

後，我們應該這樣想：願我能度化所有的眾生，讓他們依靠佛的加持力和自身的善業力通達無我空性，斷除一切有漏業和煩惱，就像極樂世界的有情一樣遠離身心痛苦，甚至連痛苦的聲音都聽不到，各自隨意獲得解脫，具足如海的功德，享受無量的法樂。

3.「**善能分別諸法海**」，願我善能分別如海的一切佛法。

佛法分為教法和證法，教法包括在經律論三藏中，證法包括在戒定慧三學中，我們應當發願善能辨別這些佛法。

當然，我們不僅要善能辨別佛法，還要真實獲得佛法，並且要為眾生作法布施。我們應該這樣想：在這個世界上，有很多沒遇到佛法的眾生，有些眾生雖然遇到了佛法，但遇到的只是表面的佛法，並不是真正的佛法，願所有眾生獲得真正的佛法，遣除一切煩惱和痛苦。

在佛法當中，相對於教法，證法更為重要。為什麼我們特別重視講經說法、聽經聞法？因為這是獲得證法的途徑。佛教的精髓不在寺院，也不在書本，而在於信心、慈悲心、菩提心和無我智慧。不管你去了多少座寺院，不管你的屋子裡堆了多少本《大藏經》，只要你沒有獲得證法，就無法遣除內心的痛苦和煩惱。有些人認為：修幾座寺院，印幾本書，這就是興盛佛法。其實並

不是這樣。法界中有無量的佛、菩薩、阿羅漢和善知識，他們相續中有多如大海的信心、慈悲心、菩提心、無我智慧等證法，這才是佛法的精髓。

我特別希望很多人明白上述道理，也希望很多人得到證法的功德，誰得到了證法的功德，這個人就現前了《普賢行願品》的發願。

4.「能甚深入智慧海」，願我能深深趣入佛的智慧大海。

《華嚴經》中說：「深入經藏，智慧如海。」可是很多眾生沒有智慧，有些人雖然有「智慧」，也只是世間的小聰明，在愚癡分別念的支配下，眾生一直在輪迴中漂泊流轉，每天處於煩惱和痛苦中。因此，眾生特別需要諸佛的如海智慧，如果有了諸佛的智慧，就不會因煩惱而叫苦連天了。所以我們應該發願：願我通過行持六度萬行而廣積福慧資糧，最終獲得佛的大圓鏡智、平等性智、妙觀察智、成所作智或者如所有智和盡所有智。

印度有些大德說，只有長期依止善知識，在善知識面前聽聞佛法並且實地修持，這樣才能得到佛的智慧。所以大家要清楚，智慧不是無緣無故就能得到的。現在有些人很想開悟，今天到一個上師那裡求一個灌頂，明天再到一個上師那裡吃一塊牛肉，後天又到一個上師那裡發心三天，如果這樣天天當遊神，不一定能得到智

普賢行願品講記

慧。只有像前輩大德那樣長期依止上師，一心一意聞思修行，才會得到不可思議的智慧。

5.「普能清淨諸行海」，願我能令一切普賢行海清淨無垢。

前面講了七支供，七支供和六度萬行都是普賢妙行，我們應該發願：願我像前輩大德和諸佛菩薩一樣，令一切普賢妙行最為清淨，遠離自私自利以及三輪執著等垢染。

6.「圓滿一切諸願海」，願我能令一切普賢願海得以圓滿。

總的來說，菩薩有十萬大願。分別來說，我等大師釋迦牟尼佛因地發了五百大願，藥師佛因地發了十二願。發大願非常重要，有些大願現在看起來很難行持，但只要自己的發心不退，最終一定可以實現。《華嚴經》云：「若有發大願，愛樂於佛法，於斯難見境，通達不為難。」這個教證說得很清楚，只要能發大願，並且對佛法有愛樂心，即使難以現見的境界也不難通達。

人們常說「願大力大」，我自己確實有這種感覺。比如我想建一所學校，剛開始我覺得很困難，但自己發了願以後，不知不覺學校就建成了。翻譯經論也是這樣，《上師心滴》那麼大的部頭，《敦珠佛教史》也很厚，剛開始我也擔心：像自己這樣的凡夫，恐怕很難完成這些翻譯吧？但自己發了願以後，最終還是圓滿翻譯

出來了。此外，在建經堂、和大家共同學習佛法等很多事情上，我都有這樣的體會。因此，從我個人的經驗來看，只要一個人心裡能發大願，最後很多事情都能成功。

當然，發大願不是吹牛皮。現在很多人特別愛吹牛，有些老闆經常說大話：我的企業要越做越大，我要搞什麼項目。發大願也不是這樣的。但大乘行人確實需要擴充自己的心量。如果自己的心一直萎縮：這也不行，那也不行，我還是好好休息吧。這樣下去，可能身體也會越來越萎縮。有些人擔心特別多：擔心別人說自己，擔心身體不好，擔心心情不好……最後什麼事情都不敢做，吃飯的時候肚子大起來了，做事情的時候又縮了下去。開玩笑，有些人在打瞌睡了，所以稍微「電擊」他們一下。

我們應該經常發弘揚佛法和利益眾生的大願。如果自己實在不會發願，可以這樣想：《普賢行願品》裡面怎麼發願，我就怎樣發願；《入行論.迴向品》裡面怎麼發願，我就怎樣發願。這些善願隨時隨地都可以發，甚至在走路或者提水時也可以發。當然，如果一個人的心很惡，隨時隨地都會發惡願。有些人在路上看到別人，無緣無故就開始生惡念：哼，殺了你！不僅心裡生惡念，而且口中也說惡語，臉色也惡狠狠的。（從有些人的表情看起來，沒有一天高興過，好像是朗日塘巴尊者的化身。朗日

塘巴尊者特別厭離輪迴，曾經有一隻老鼠偷曼茶盤上的一顆松耳石，可是牠怎麼搬也搬不動，於是牠「嗞嗞」地叫來另一隻老鼠，然後兩隻老鼠一推一拉將「成果」搬走了，看到這副情景，尊者才露出了笑容。除此之外，他再也沒有笑過。有些道友也是這樣，我從來沒見他們笑過。也許他們覺得輪迴很苦，所以實在開心不起來。其實這樣也沒必要。雖然輪迴很苦，但有時候還是要開心一點，不能永遠都是悶悶不樂、鬱鬱寡歡。我們不可能天天笑，但也不能天天哭。如果生起了比朗日塘巴更強的出離心，那自然另當別論，否則，還是應該偶爾笑一笑，這樣至少能讓身邊的人有一種放鬆感。）

第八課

7.「**親近供養諸佛海**」，願我親近供養三世諸佛海。

我們應該發願：願我生生世世親近如來，以修行供養、承事供養、財物供養讓如來歡喜。如果我們能親近諸佛菩薩或者善知識，並且以三種供養讓他們歡喜，這能圓滿很多資糧。

8.「**修行無倦經劫海**」，願我在無量劫海中無有疲倦地修行六度萬行。

劫是極其漫長的時間單位。《俱舍論》中說，一個大劫分為成劫、住劫、壞劫、空劫，每一個住劫又有二十個中劫，第一個中劫是從人壽無量歲下減到十歲，此後，從人壽十歲上增到八萬歲並再下減到十歲算一個中劫，這種上增下減的中劫有十八個，最後一個中劫是

從人壽十歲上增到八萬歲。和住劫一樣，成劫、壞劫、空劫也各有二十個中劫。如是共有八十個中劫，合起來就是一個大劫。

不僅《普賢行願品》強調無論修行多少劫都不要疲倦。《佛說諸法勇王經》中也說：「若欲令眾生，悉除諸苦惱，應學無上智，中間莫廢捨。」（如果想遣除眾生的痛苦和煩惱，就應該學習無上菩提道，經歷再長時間也不要中途廢捨。）現在有些道友發心幾年後感覺很累，這個時候最好不要退下來。為什麼呢？因為這種發心是未來修菩提道的緣起，如果這個緣起沒有創造好，不要說圓滿三個阿僧祇劫的修行，也許連一生一世的修行都無法圓滿。所以，無論遇到多大困難，大家都應該堅持下去。

我建議道友們有時間讀一讀《華嚴經》，如果讀了《華嚴經》，就會發現經中很多處在講菩薩不能疲倦。所謂的疲倦，並不是看書累了停下來喝杯咖啡。因此，只要是對眾生或者自己的解脫有利益的事情，即便已經做了無量劫，我們也不能放棄。

這個科判顯示了第十地的境界。十地菩薩圓滿了智波羅蜜多，即將獲得佛果，由於他們能降下甘露法雨，令眾生產生如雲般的無量善根，所以叫做法雲地。

丁十五（隨諸佛菩薩修學願）分二：一、隨諸佛修學之願；二、隨菩薩修學之願。

戊一、隨諸佛修學之願：

　　三世一切諸如來，最勝菩提諸行願，

　　我皆供養㉜圓滿修，以普賢行悟菩提。

　　過去現在未來的一切如來為了成就最勝大菩提，最初發菩提心、中間於無數劫行持六度萬行、最後獲得佛果並廣轉法輪，如是一切行願我都圓滿修學，最終以普賢妙行證悟大菩提。

　　我們應當學習三世一切如來的所有行願，這就是修行的最好方式。《釋尊儀軌》中說：「善逝如來汝之身，眷屬壽命與剎土，殊勝妙相等功德，唯願我等成如是。」麥彭仁波切還有一個發願偈：「如來佛子所發之大心，事業大願及與智悲力，無上智慧幻化眾功德，唯願吾等如是獲成就。」㉝作為無明眾生，在菩提道上很需要引導者，最可靠的引導者就是如來，所以，三世諸佛如何發菩提心、行菩薩道、現證功德、利益眾生，我們也應該發願如是隨學。當然，要學習三世一切如來，我們也不能離開菩薩的指引，在此過程中要「以普賢行悟菩提」。凡夫人要完全通達佛的密意是有困難的，月稱論師在《入中論》裡面尚且謙虛地說：「如我於佛眾功德，豈能了知而讚言，然由龍猛已宣說，故我無疑述少分」，所以，在我們和佛中間也需要一種銜接，我們需

第八課

㉜此處的供養是指法供養，即隨諸佛而學修。
㉝當然，我們如果隨阿彌陀佛、釋迦牟尼佛、藥師佛、不動佛發願，將來自己成佛後，總體上會和這些佛的功德相同，但個別地方也有不同之處。

要以普賢菩薩為榜樣，要以普賢菩薩的大願大行來證悟佛菩提，要像法王在《願海精髓》中說的那樣，「由從普賢行願品所說，如海菩薩行願皆圓滿。」

再次向大家強調：發願的時候一定要慎重，甚至開玩笑都不要發惡願，否則必定會感受苦果！《宋高僧傳》中記載，唐代有一個叫鑒空的僧人，鑒空出家前是一個窮秀才，只要稍微有一點錢，他就會生病，只要錢一花完，病也隨之而好。有一次，鑒空在杭州一帶漂泊。一天，他在路上因為飢渴難耐而無力行走。正當鑒空痛苦不堪時，他面前忽然出現一個梵僧。梵僧笑著對鑒空說：「法師秀才，你嘗夠了旅遊滋味嗎？」鑒空說：「旅遊滋味確實嘗夠了，可是你為什麼叫我法師？」梵僧說：「你難道忘記以前在洛陽講《法華經》嗎？」鑒空說：「我活到這麼大，一直在吳楚間盤桓，從何談起在洛陽講經呢？」梵僧說：「看來你被飢火所燒，以前的事情都忘記了。」於是梵僧給鑒空一枚大棗。鑒空吃了棗便睡著了，醒來後他忽然回憶起前世在同德寺講《法華經》的經歷。鑒空傷感不已，向梵僧問起寺院裡的其他人。梵僧說：「神上人、震和尚又變成出家人了。悟法師因為在石像前開玩笑地發願：『若不證無上菩提，願成為赳赳大將軍』，現在已經當上大將軍了。當時我們五人之中，只有我得到解脫，唯獨你飢寒落魄。」蒙受梵僧點化後，鑒空當天晚上便到靈隱寺

普賢行願品講記

出家為僧。七十多歲時，他留下了佛教將來被毀的授記。這是一個真實的公案。請大家想想：在佛像前開玩笑地發願，結果來世果真變成了大將軍，因果確實太可怕了！所以我們一定要發善願，千萬不要發惡願。

三世諸佛都是以發清淨願而成就的，並不是什麼都不做，無緣無故就獲得成就的。在座的人都是未來佛，也要像諸佛那樣發清淨願。在你們當中，有些人願力強大，很快就會獲得成就，而有些人願力不足，雖然和別人在同一個場合學習佛法，但不一定能很快成就。因此，如果大家想快速成就，就應該努力培養願力。

當然，發了願以後，還要注意日常行持。《大寶積經》中說：「過去無量佛，現在及未來，一切從善起，住不放逸道。」既然三世諸佛都恆時以正知正念守護自相續，都是以不放逸而獲得成就，作為三世諸佛的隨學者，我們也要像他們那樣恆時不放逸。

戊二（隨菩薩修學之願）分二：一、隨普賢菩薩修學願；二、隨文殊菩薩修學願。

己一、隨普賢菩薩修學願：

　　一切如來有長子，彼名號曰普賢尊，

　　我今迴向諸善根，願諸智行悉同彼。

一切如來有長子，他的名號叫做普賢，我現在迴向一切善根，願智慧妙行都等同於他。

雖然一切菩薩都是佛子，但佛子當中還是有區別的。就像一個家庭的孩子有長幼之別一樣，不管從年齡、學問、智慧、慈悲等哪方面看，普賢菩薩在一切佛子中都是佼佼者，堪稱是諸佛的長子。因為普賢菩薩具有超勝的功德，又因為他初中末的一切願行都極為賢妙，所以他的名號在十方世界廣為傳頌，不只是峨眉山附近的人知道他，也不只是個別人知道他。

普賢行願品講記

學習這個偈頌後，我們應該這樣發願：普賢菩薩的智慧、發願、行為是什麼樣，願我也具足同樣的功德。普賢菩薩在發願方面具有不同於其他聖尊的特殊能力，普賢菩薩在因地時曾發願，如果任何眾生念我的名號並發菩薩大願，我就會幫助他實現發願。在《楞嚴經》中，普賢菩薩對佛說：「若於他方恆沙界外，有一眾生心中發明普賢行者。我於爾時乘六牙象，分身百千皆至其處。縱彼障深未合見我，我與其人暗中摩頂，擁護安慰，令其成就。」所以，念《普賢行願品》跟其他發願文完全不同，這樣能與普賢菩薩結上善緣，用世間話來講就是與普賢菩薩搞好關係，依靠普賢菩薩的加持，自己的任何善願都可以很快實現。

只要翻開《八大菩薩傳》一看就會知道，普賢菩薩在發願方面是最權威、最專業的。所以，大家在發願方面一定要祈禱普賢菩薩。如果我們祈禱觀音菩薩、除蓋障菩薩或者舍利子、目犍連，相比之下，自己的發願就

不會那麼快實現。為什麼無垢光尊者、麥彭仁波切、宗喀巴大師、法王如意寶造的發願文都經常提到普賢行願，原因也在於此。

　　以後如果有人去峨眉山朝聖，要記住去半山腰的萬年寺，那裡的普賢菩薩特別靈，如果在那裡發願，一定會實現所願。峨眉山腳下有一座報國寺，報國寺有一座普賢殿，那裡的普賢菩薩也有特殊的加持力，以前法王朝拜過那尊普賢菩薩，在那裡發願也有殊勝的緣起。在峨眉山頂還有一尊普賢菩薩，在那裡發願也很殊勝。所以，如果以後你們有時間、有足夠的人民幣，別忘了朝拜這三尊普賢菩薩。

第八課

第九課

下面繼續講隨普賢菩薩修學。

願身口意恆清淨，諸行剎土亦復然，

如是智慧號普賢，願我與彼皆同等。

願我的身、口、意、行為、剎土恆時清淨無染，具有如是五清淨的智慧尊是普賢菩薩，願我與他完全等同。

上一個偈頌講到，要將自己的所有善根迴向，願自己和普賢菩薩相同。在這個偈頌中，具體講了願獲得與普賢菩薩等同的五種清淨——身清淨、口清淨、意清淨、行清淨和剎土清淨。

所謂身清淨，即一個身體幻化出無量佛剎微塵數的身體，以這些身體供養承事諸佛、聽聞修持妙法。

所謂語清淨，即自己的一個聲音中流出如海法音，眾生聽到這些法音後，相應各自的根機意樂獲得暫時和究竟的利益。

所謂意清淨，即心中一剎那現前十方三世一切佛剎以及諸佛，一剎那現前供養承事諸佛、聞思修行佛法、度化眾生等如海菩薩行。

所謂行清淨，即以遠離違品的方式行持清淨的六度、四攝、三十七道品，一切行為不會給自他帶來煩惱和痛苦，只會帶來暫時和究竟的利益。

所謂剎土清淨，即令一切剎土具足極樂世界般的功德：器世界方面，大地以各種珍寶形成，國土中有各種寶樹、水池，整個環境無比清淨莊嚴；有情世界方面，無量佛菩薩宣說大乘佛法，甚至諸佛菩薩幻化的鳥兒也發出法音。

如果想具足這五種清淨，唯一的途徑就是發起普賢大願。《華嚴經》中說：「若能發起如是大願，則當得見普賢菩薩。」因此，如果我們能發起普賢大願，就能見到普賢菩薩，就能現前普賢菩薩的五種清淨。

第九課

為什麼所有的眾生都要向普賢菩薩學習呢？因為一般人無法發起像他那樣的大願，也無法以自力實現那樣的大願，所以眾生應該向他學習。很多人學佛前不會發願，學佛後都在按照《普賢行願品》發願，這一點非常好。雖然有些人對《普賢行願品》的內容不太了解，但每天以清淨心念誦，同樣有不可思議的功德，將來必定會實現普賢大願。

有些人很想變成清淨的修行人，但自己的身、語、意、行為、處所往往是不清淨的，由此產生了許多煩惱和惡業。這些人應該這樣想：普賢菩薩是智慧尊者，我在方方面面都要與他相同，他的身、語、意、行為、剎土如何清淨，我也要具足同等的清淨。只要一心一意地發願，到一定時候，自己就會和普賢菩薩一樣。

作為凡夫人，偶爾會生起一些善的分別念：我要變

成一個好修行人，我的身口不能造惡業，我的心不能產生惡念。但是因為宿習現前、遇到不良對境或者沒有正知正念，他們很快又會產生煩惱。在這個時候要像《入行論》所說那樣，要立即認識並且拔除煩惱。如果長期這樣努力，身口意就會越來越清淨，最終就會像前輩大德那樣認識心的本來面目，這是一種必然的規律。

己二、隨文殊菩薩修學願：

　　我為遍淨普賢行，文殊師利諸大願，

　　滿彼事業盡無餘，未來際劫恆無倦。

　　為了清淨一切普賢行，也為了圓滿文殊師利菩薩的大願，令他們的事業究竟圓滿，我發誓於未來一切劫無有疲倦地修學。

　　在隨學普賢文殊的過程中，肯定會遇到各種違緣和障礙，這個時候我們不能畏懼困難和痛苦，一定要堅持下去。《曼殊室利千臂千缽大教王經》中講了文殊菩薩的十大願，這十大願都是常人難以想像的，比如：如果有人辱我、毀謗我、殺害我，我都要令這些與自己有緣的眾生發起菩提心。其他經典中記載，文殊菩薩發願：「輪迴不空，眾生不空；眾生不空，誓願不空；誓願不空，利眾不空。」這和地藏菩薩的發願「地獄不空，誓不成佛」非常類似。因此，只要能夠利益眾生，不管在輪迴中住多長時間，我們都要像文殊菩薩一樣不要有厭倦心。

《思益梵天所問經》云：「譬如大海能悉受，一切眾水無滿時，此諸菩薩亦如是，常求法利無厭足。」就像大海能接受一切水而沒有滿的時候，發了菩提心的菩薩也是如此，對於尋求正法的利益、以佛法利益眾生也始終無有滿足。各位道友要將這個道理牢記於心。如果你沒有發菩提心，只是表面上剃光頭、披袈裟，那就另當別論了。（其實外道也有剃光頭、披袈裟等行為。在有些城市裡，一群群剃光頭的小夥子在街上走，甚至有些美女也喜歡剃光頭，但因為沒有出離心，所以他們根本算不上受持別解脫戒者。）否則，作為發了菩提心的人，如果光是說要利益眾生，而行為中不要說「未來際劫恆無倦」，才做了幾年事情就不行了：「我已經累了」，「我已經厭倦了」。這是非常不應理的。現在很多人明知某些事情對眾生有利，是諸佛菩薩所讚歎的無上行為，但就是不能長期堅持，這就是凡夫人的缺點。

　　佛經中講過一種「大欲菩薩」，這種菩薩為了利益一個眾生也願意在輪迴中住無量劫。在座諸位想一想：自己發過大乘願沒有？如果發過這樣的願，過去的事就不談了，未來你有何打算？現在我們天天念《普賢行願品》，除了個別人以外，絕大多數人都會背誦了，我希望以後大家在念誦《普賢行願品》時應該思維其內容，尤其念這個偈頌時要想到：文殊菩薩如何發願，我也要如是發願！文殊菩薩的發願是什麼？乃至有一個眾生沉

第九課

溺在輪迴中，自己就願意一直住在輪迴中度化他，直到他成佛為止。文殊菩薩的發願就是這麼廣大。作為文殊菩薩的隨學者，我們以後在利他方面也要有自己的打算。如果我們真正發起了利他大願，即使現在做不到大菩薩的行為，比如現在不能像月光國王那樣用自己的身體作布施，至少也能在力所能及的範圍裡弘揚佛法、利益眾生，在此過程中稍微遇到一些挫折或者困難時，自己也不會輕易退縮。

通過學習《普賢行願品》，我希望很多人發起弘揚佛法、利益眾生的大願。發願非常重要，在學佛的人當中，有些人很有智慧，但是沒有發願力，所以弘法利生並不成功；有些人智慧雖然不高，但因為發願力廣大，所以很多行為自然而然對眾生有利益，並且自己的心不容易被污染，求解脫的心不容易退轉，處處都能遇到善知識。

丁十六、以總結諸願而迴向：

我所修行無有量，獲得無量諸功德，

安住無量諸行中，了達一切神通力。

願我修行無量善法，願我獲得無量功德，願我安住於無量妙行中，願我了達諸佛的一切神通[34]。

按某些印度論師的觀點，前面的偈頌依次宣說了菩

---

[34]此處的神通實際上是佛的十力、四無畏、十八不共法等一切功德。

薩十地的境界，這個偈頌宣說的是佛地的境界。大家知道，佛地的功德是無量的，不要說所有功德，即便如來肉髻或者一毛孔的功德，登地菩薩和阿羅漢都無法衡量。既然果地的功德無量，由果推因，如來在因地從發菩提心到十地末的修行也應該是無量的。現在有些人自認為修行無量：「我學佛四年了」，「我修行兩年了」，「我念了十萬遍金剛薩埵心咒」，「我磕了一萬大頭」，「我看了兩本書」……但在智者看來，他們的修行是很有限的，沒什麼了不起的。如果是無量的修行，以布施而言，菩薩光是布施頭目腦髓的次數也是凡夫人無法想像的。

第九課

學習這個偈頌後，我們應該懂得這個道理：只有通過無量修行，才能獲得無量功德，這樣才能利益無量眾生。

在《華嚴經》中，有與此偈頌類似的教言，如云：「無量無數劫，積集智功德，無量劫海中，修習諸大願，廣修菩薩行，具足一切地，以諸方便力，廣度一切眾。」意思是，只有於無量劫中廣修菩薩大願和六度萬行，才能圓滿十地的一切功德（即成佛），這樣才能度化一切眾生。

我們在發願時應該這樣想：願我像釋迦牟尼佛、阿彌陀佛和不動佛一樣，通過無量修行獲得身語意的無量功德，之後以無量功德利益無量眾生。（修行人得到功德和

世間人得到錢完全不同：修行人得到功德是有意義的，直接或者間接會對無量眾生有利益；而世間人有了錢自己捨不得花，也不願意給別人，死的時候錢全部沉在銀行裡。）

　　在漢文《普賢行願品》中，從這個偈頌往下先講了如何迴向，之後講迴向的功德；而在藏文譯本中，此偈頌往下先講迴向的功德，之後講如何迴向。在《喇榮課誦集》中，《普賢行願品》的漢文偈頌和藏文偈頌按照各自的順序直接排在一起，懂藏文的人一看就知道，從這往下的很多偈頌根本對不上。如果只用藏文或者漢文念誦，當然都沒有問題，但如果一邊用藏文念一邊看漢文意義，這些偈頌就對不上了。當然，不懂藏文的人問題也不大，念的時候觀清淨心就可以了。以後如果再印《喇榮課誦集》，最好按藏文偈頌的意義重新排列漢文偈頌。當然，這是為了方便念藏文《普賢行願品》的人。如果用漢文念《普賢行願品》，就按照漢文偈頌的順序，不需要調整。

普賢行願品講記

　　丙二（如何迴向）分六：一、入於菩薩之迴向；二、入於諸佛之迴向；三、往生淨土之迴向；四、現前大願之迴向；五、現前授記之迴向；六、利益有情之迴向。

　　丁一、入於菩薩之迴向：

文殊師利勇猛智，普賢慧行亦復然，

我今迴向諸善根，隨彼一切常修學。

文殊師利菩薩是三世諸佛智慧的總集，他具有勇猛的大智慧㉟，普賢菩薩的智慧和行為也是如此，我今天迴向一切善根，願跟隨他們盡未來際恆常修學。

前面的偈頌講到了普賢菩薩和文殊菩薩，為什麼此處又講到二大菩薩呢？因為前面是從發願角度隨學二大菩薩，即：文殊菩薩怎樣發願，普賢菩薩怎樣發願，我也如是發願。而這裡是從迴向善根角度隨學二大菩薩。具體來講，《普賢行願品》是一篇發願文，按照它發願可獲得無量功德，所獲的這些功德也需要迴向，而凡夫人不知道如何迴向，所以也要向文殊菩薩和普賢菩薩學習。因此，前後的偈頌表面上看起來一樣，實際上是有差別的。

文殊菩薩如何迴向善根呢？他安住於三輪體空的境界，將善根無有執著地迴向給一切眾生。普賢菩薩跟文殊菩薩一樣，一方面以智慧斷除了三輪實執，一方面將善根迴向給一切眾生。我們應該像文殊菩薩和普賢菩薩一樣迴向善根。華智仁波切在《大圓滿前行》裡面說，如果凡夫人不會以三輪體空作迴向，可以念這個偈頌作為代替。

第九課

㉟文殊菩薩智慧的勇猛體現在兩方面：一是抉擇萬法本性，二是以智慧的光明遣除眾生的無明黑暗，這樣以空性智慧饒益眾生就是大悲心的體現。

文殊菩薩和普賢菩薩具有利益眾生的大智慧，他們經常以各種形象度化眾生。一說到這兩位大菩薩，很多人往往認為文殊菩薩是拿著寶劍的，普賢菩薩是騎著大象的。其實也不一定。在這個世界上，在很多普通人或者善知識中都有他們的化身，甚至在旁生中也有他們的化身。

　　唐代的杜順和尚是華嚴宗初祖，他就是文殊菩薩的化身。傳記中記載，杜順和尚白天到山裡種地，晚上在寺院誦《華嚴經》，這樣十年如一日。有一個弟子追隨他十多年，看到師父每天都是這種行為，覺得沒有什麼稀奇的，不如去五台山朝拜文殊菩薩，於是就向師父請假去朝拜五台山。杜順和尚說：「不必去了，你在這裡修學跟五台山沒有區別。」但他不聽勸告，非要去五台山不可。最後杜順和尚說：「既然你實在要去，那順便幫我捎兩封信。」於是杜順和尚寫了兩封信，一封給青娘子，一封給豬老母。

　　這個弟子揣好信就啟程了，一路上打聽這兩個人。他先找到了青娘子，原來這是一個妓女。這個弟子有點驚訝：怎麼師父認識妓女啊？他把信交給青娘子，青娘子看了信，馬上就死了。他覺得有點奇怪，將信撿起一看，信上說：「觀音，我現在事情辦完了，要走了，你也跟我走吧。」

　　這個弟子沒有醒悟過來，他按照地址又找到了豬老母，原來這是一頭母豬。他把信放在豬老母前面，豬老

普賢行願品講記

母用鼻子拱開信看了看，當場也死掉了。他覺得很奇怪，撿起信一看，信中說：「普賢，我現在事情辦完了，要走了，你也跟我走吧。」

這個弟子還沒有醒悟過來。最後他來到了五台山，在五台山遇到一位老人。老人問他：「你來五台山幹什麼？」他回答：「我來朝拜文殊菩薩。」老人說：「你師父就是文殊菩薩，你不拜師父，卻千里迢迢來拜文殊，真是捨近求遠！」說完就不見了。這個時候，他才恍然大悟：原來我師父就是文殊菩薩！於是他趕緊回去。可是當他回到寺院時，杜順和尚已經圓寂了。

第九課

另外，唐代的寒山拾得也是文殊普賢的應化。寒山隱居在台州唐興縣寒岩，所以人們稱他為寒山子。寒山行為瘋顛，平時身著破衣，頭戴樹皮帽，腳穿木鞋。當時國清寺有一個叫豐干的僧人，豐干有很多稀奇的行為，曾經騎著老虎進入寺院。有一次豐干外出時撿到一個十多歲的孩子，便將他帶回國清寺出家。因為這個孩子是拾到的，所以取名為拾得。拾得後來成了國清寺的香燈師，他曾經食用佛前的供品，又呵斥憍陳如像是小根敗種。僧眾對拾得的行為很害怕，就不讓他當香燈師了，讓他到廚房裡做粗活。後來拾得和寒山成了好朋友。拾得在廚房洗碗時，經常把剩飯留下來送給寒山。寒山和拾得都會作詩，他們的詩意境超絕，不是世間詞章所能比擬的。

一次台州太守患病，很多名醫都束手無策。正好豐干到太守家，他治好了太守的病。太守非常感激，便和豐干聊了起來。太守問豐干，當世有沒有聖者。豐干說，國清寺的寒山拾得就是文殊普賢。太守聽後特別起信心，便來到國清寺頂禮二人。寒山拾得一邊迴避一邊說：「饒舌彌陀汝不識㊱，禮我何為？」第二天，太守又派人送去厚禮，寒山拾得見到使者來就罵「賊，賊」，說完就融入石頭中了。後來豐干也不知所終。

對於前輩大德的精彩傳記，有些人完全能相信，而有些人可能想：這裡面有沒有神話的成分？有沒有其他的密意？對此我是這樣認為的：諸佛菩薩的幻化是不可思議的，在當時的人們看來，寒山拾得的行為不一定值得隨喜和羨慕，但在後人看來，他們度化眾生的事業的確是無邊的，僅僅從這一點，也可推知他們肯定是聖者的化現。其實不光古代，現在也有許多佛菩薩的化身。我去過漢地的四大名山，那裡有很多化緣、看手相的人，也許這就是諸佛菩薩利益眾生的方便。

言歸正傳，今後我們應該這樣作迴向：諸佛菩薩怎樣迴向善根，我也怎樣迴向善根，尤其是普賢菩薩和文殊菩薩怎樣迴向善根，我也怎樣迴向善根。

以前法王去五台山前說，他準備和大眾在五台山共修一百萬遍《普賢行願品》。後來法王在五台山住了

㊱意思是豐干是阿彌陀佛的化身。

一百天左右，法王每天傳法前後僧眾都共同念誦《普賢行願品》，算起來應該念了一百萬遍。以後道友們如果有機會去文殊菩薩或者普賢菩薩的道場，也要精進念誦《普賢行願品》。

丁二、入於諸佛之迴向：

> 三世諸佛所稱歎，如是最勝諸大願，
> 我今迴向諸善根，為得普賢殊勝行。

過去現在未來諸佛所稱歎的就是普賢菩薩的最勝諸大願（概括而言就是弘揚佛法和利益眾生），為了證得普賢菩薩的殊勝妙行，如今我將一切善根作迴向。

所謂普賢殊勝行，就是最初發無上菩提心，中間行持六度萬行，最後證悟大菩提並度化眾生，三世諸佛都是依靠普賢殊勝行而成道的。在隨三世諸佛而迴向時，我們可以籠統地想：三世諸佛如何迴向善根，我也如是迴向善根。也可以具體想：阿彌陀佛或者釋迦牟尼佛怎樣迴向善根，我也如是迴向善根，願我能像阿彌陀佛或者釋迦牟尼佛一樣度化六道眾生，讓一切眾生都得到解脫並且享受圓滿的法樂。

「文殊師利勇猛智……為得普賢殊勝行」這兩個偈頌特別重要，這兩個偈頌被許多大德廣泛引用。以後我們在作迴向時，如果沒時間念完整部《普賢行願品》，可以念這兩個偈頌作為代替。

第九課

第十課

丁三、往生淨土之迴向：

> 願我臨欲命終時，盡除一切諸障礙，
>
> 面見彼佛阿彌陀，即得往生安樂剎。

願我臨欲命終時盡除一切障礙，親自面見阿彌陀佛，隨即往生極樂世界。

在念這個偈頌時，大家應該隨文發願，這樣就具足了往生極樂世界的第四因。去年我們學習了《極樂願文》，在往生極樂世界的第四因中，喬美仁波切詳細宣講了發願臨終面見佛菩薩、發願死時斷除對輪迴之貪執、發願往生極樂世界、發願往生後所獲之功德。許多道友對這些道理有印象，大家應該知道如何發願。

所謂臨命終，就是外氣已經斷、內氣還沒有斷的時候。按照《觀經》的說法，臨終時相應各人的不同根機，有些人是阿彌陀佛親自來迎接，有些人是二大菩薩迎接，有些人是阿彌陀佛幻化出佛菩薩來迎接。不管是哪種情況，都要依靠阿彌陀佛的加持淨除自相續的障礙，這樣才能往生極樂世界。雖然有些大德認為有帶業往生者，但這是就微細業而言的，如果沒有淨除粗大的業障，那不可能往生極樂世界。

總的來講，往生極樂世界的障礙是一切罪業，具體來講，往生極樂世界的最大障礙是捨法罪和五無間罪。

普賢行願品講記

就顯宗自宗而言，這兩種罪業是最嚴重的罪業。如果想往生極樂世界，就要通過修持金剛薩埵等法門懺悔無始以來的罪業。否則，我們的期望很高——臨終時阿彌陀佛要親自來迎接我！但到了臨終時，不要說阿彌陀佛，甚至菩薩都沒有來迎接，也許是閻羅獄卒或者生前殺害的眾生來迎接自己，那就太可怕了。

人死的時候非常痛苦。《佛說五王經》中說：「人死之時，四百四病，同時俱作，四大欲散，魂魄不安。」在這個眾苦交迫的時刻，唯有生前所造的福德能夠幫助自己。《大莊嚴論經》中說，人死時唯有善根福德能伴隨自己，除此之外，世間的榮華富貴、名聲地位都一無所用。所以，自己的心在臨終之際能否轉向清淨剎土，關鍵是取決於生前有沒有積累善根。如果一方面自己有善根，一方面又得到了佛的加被，見到了阿彌陀佛的尊顏，那就非常好了，在阿彌陀佛加持下，自己的所有障礙會淨除，之後就像蓮池大師在《西方發願文》中說的那樣，「乘金剛臺，隨從佛後，如彈指頃，生極樂國」。

一方面來講，往生極樂世界是非常遙遠的，但對有善根的人來講，這也是非常容易的。關鍵就看平時有沒有結上往生淨土的善緣。不管你有沒有智慧和辯才，只要具足信心和菩提心，經常發願往生極樂世界，經常觀想阿彌陀佛，往生極樂世界一點都不困難。

大家也要知道，人在臨死時能否解脫，周圍的環境

第十課

也很重要。《地藏菩薩本願經》中說：「一切眾生臨命終時，若得聞一佛名，一菩薩名，或大乘經典，一句一偈。我觀如是輩人，除五無間殺害之罪，小小惡業，合墮惡趣者，尋即解脫。」有些人福報比較大，臨死的時候周圍有很多道友為他們誦經念佛，他們自己也能發起善心，結果順利獲得解脫。有些人平時修行還不錯，可是臨死時周圍都是不信佛或者對佛教半信半疑的人，在這種惡緣影響下，自己也生起惡念，結果不但沒有解脫，反而墮入三惡趣。所以，大家應該為臨終者創造有利於解脫的環境。

其實，只要如理如法地修行，人人都應該有往生淨土的機會。講完《觀經》的九品往生後，我在不同場合中發表過這種想法——我覺得自己確實有往生極樂世界的把握。為什麼呢？因為從《觀經》來看，許多比我下劣的人都有往生的機會，而我並沒有像屠夫一樣天天殺生，自己多年來對佛菩薩的功德有發自內心的隨喜，自己的大多數時間也在行持善法，如果我這樣的人不往生極樂世界，誰還能往生極樂世界？開玩笑，這樣說可能口氣太大了。

在漢地歷史上，有許多往生極樂世界的人。隋朝有一位壽洪法師，他平時念佛非常精進，臨終時兜率天的天人前來迎接，壽洪說：「我心裡期望的是西方極樂世界，我不去天界。」於是他令大眾念誦佛名。過了一會

兒，他忽然說：「佛從西方來了。」說完就安詳往生了。

　　由於漢族人比較重視歷史，所以很多往生事例都被立成了文字。藏地雖然也有很多往生的事蹟，但被立成文字的卻不多。其實從百分比看，藏地的往生者絕對不會少於漢地。在藏地每一座寺院、每一個老人口中都流傳著精彩的往生公案。但因為藏族人普遍有這種觀念——只要好好念佛、做善事，必定會得到解脫，所以人們不覺得往生有什麼大驚小怪，很多公案都沒有記載下來，這也是比較可惜的。

　　多年以來，我翻閱了大量的顯密經論，也以自己的智慧分析了很多前輩高僧大德的教言，由此生起了堅定不移的信念——只要具足了往生四因，一定會往生極樂世界！對我自己來說，在理論上沒有任何懷疑，自己能否往生極樂世界，就看有沒有求生淨土的心了。

　　人的心有時候特別奇怪，本來黃金在世間很值錢，可是某些人卻不喜歡黃金。某些修行人也是如此，本來極樂世界非常殊勝，可是他們卻沒興趣求生極樂世界。希望大家觀察自己的心，如果發現自己對往生淨土提不起興趣，就要多閱讀前輩大德的教言，想方設法提起這方面的意樂。其實大家應該想一想：如果臨終時能見到阿彌陀佛，遣除一切障礙，一剎那往生到極樂世界，徹底遠離生老病死，永遠享受無漏的安樂，這是多麼令人嚮往的事情啊！這幾年以來，我們學習了《極樂願文大疏》

和淨土五經，按理來講，每個人對往生極樂世界都應該產生意樂，如果還是提不起求生淨土的心，甚至對往生淨土還不如去某地遊玩興趣大，那真是不可救藥了。

人生是很短暫的，誰都無法肯定自己何時離開世間。有些實修法講，今天晚上睡覺時也不能肯定明天能不能醒來。在噶當派的教言中，有通過三種根本、九種因相、三種決斷而修習無常的竅訣㊲。如果對這些道理稍加思維，就很容易知道人命是非常脆弱的，死亡很快就會到來。當我們離開世間時，心識還會不斷地延續，那時是前往善趣還是惡道，就看生前的修行狀況了。如果自己因緣比較好，遇到並且努力修持了淨土法，即便以前造過很多惡業，死後也會有很好的去處。

佛經和前輩大德的教言都說，解脫主要依賴於自己。有些人遇到了很好的上師，這當然會對解脫起一定作用，但有時候上師也會成為《俱舍論》所說的「能作因」㊳，只是對你的解脫不起障礙而已，所以上師對於解脫並不是最關鍵的，關鍵是看自己的努力。

這個偈頌和下一個偈頌是往生極樂世界的發願文，藏地有些大德經常念這兩個偈頌來發願往生極樂世界，以後大家也可以念這兩個偈頌發願往生極樂世界。

㊲詳見《菩提道次第廣論》。
㊳能作因：一法產生時，除自己以外其他對自生不作障礙的一切有為法與無為法。

丁四、現前大願之迴向：

我既往生彼國已，現前成就此大願，

一切圓滿盡無餘，利樂一切眾生界。

願我往生極樂世界以後，現前成就一切普賢大願，令一切普賢大願都得以圓滿，之後利益一切眾生。

往生極樂世界是現前普賢大願的最快途徑。我們在人間發的所有大願，如「一塵中有塵數剎，一一剎有難思佛，一一佛處眾會中，我見恆演菩提行」、「三世一切諸如來，於彼無盡語言海，恆轉理趣妙法輪，我深智力普能入」等，這些境界只有到極樂世界後才能真實現前。

有些老師對幼兒園的孩子說：「如果你現在好好讀書，將來就會考上大學，那時候你所有的心願都會實現。」當時小孩子也許覺得老師的話是天方夜譚，但他們長大以後就知道老師說的都是真的。同樣，現在普賢大願對我們來說是不可思議的，但當我們往生極樂世界以後，這些大願都會變為現實。

為什麼在極樂世界能實現一切普賢大願呢？《無量壽經》中說，阿彌陀佛往昔發願：「若我成佛，於彼國中所有菩薩於大菩提咸悉位階一生補處……若不爾者，不取菩提。」既然極樂世界的有情都是一生補處菩薩，這些菩薩當然能實現一切普賢大願。因此，對凡夫人來講非常遙遠的普賢大願，到極樂世界以後都將圓滿實現，並且那時自己會具足度化眾生的威力，不像現在這

樣相似地利樂有情，而是真實、恆常、無勤地利益有情，暫時將眾生安置於人天善趣，究竟令眾生斷除一切障礙、獲得無餘涅槃。

　　大家應該知道，往生極樂世界最終是為了利益眾生。華智仁波切在《現觀莊嚴論總義》中說：大乘道的目標不是成佛，而是利益眾生。現在個別人求生淨土只是為了自己快樂，其實這種人不一定能往生，因為極樂世界沒有自相的聲聞緣覺行者。我在課堂上說了無數次，往生極樂世界的前提就是發菩提心。《觀經》中也多次提到發菩提心。因此，作為修淨土法的人，一定要發菩提心，否則自己的發願是不究竟的。現在個別大德說，只要念佛就可以往生極樂世界。當然，阿彌陀佛的願力不可思議，念佛肯定有往生淨土的因緣，但我還是希望大家不要忘了利益眾生。往生極樂世界後不是像三十三天的天人一樣整天放逸、享受欲妙，極樂世界的主要事情就是利益眾生。《極樂願文》中對此講得很清楚，極樂世界的菩薩每天前往楊柳宮、普陀山、鄔金剎土等淨土，在諸佛菩薩面前聽受大乘妙法，之後以各種方式利益眾生。

　　《普賢行願品》中的很多境界對我們來說是很難想像的，我們只能大概了解其意義，要真實感受這些境界是有困難的。比如，世界沒有縮小，微塵沒有擴大，但是一塵中卻有無量世界，我們對此怎麼樣想也不理解。

其實，這類道理在大乘經典中常有宣說。有一部佛經中說：現在我們這個世界正處於住劫，但有些眾生覺得這個世界正處於壞劫，有些眾生覺得正處於成劫，還有些眾生覺得正處於空劫。這部經中又說：我們覺得是上方，而有些眾生覺得是下方；我們覺得是左邊，而有些眾生覺得是右邊。所以，眾生的業力確實不可思議，在某種共同業感支配下，我們覺得世界是這樣的，而在另一種共同業感支配下，很多眾生覺得世界是另一種樣子。如果能經常思維這些道理，我們就會知道：雖然現在很難想像《普賢行願品》中的境界，但自己還是要以信心接受這些道理，因為它們是無法否認的真理。

其實在佛教中，信心是很重要的。一個人如果沒有信心，他就會捨棄很多珍貴的道理。現在很多世間人對佛教嗤之以鼻，根本不放在眼裡，以這種態度，他們永遠也無法趣入佛法的智慧大海。在很多時候，我們需要以智慧對佛法進行觀察、研討、辯論，但在很多時候，我們也需要以信心趣入佛法。在佛教的歷史上，很多開悟者顯現上是笨笨的，並不是特別聰明。現在有些人看起來很聰明，說話時眼睛一直轉來轉去，對天下大事無所不知，可是這種人不一定能開悟，因為他們小聰明太多了，對什麼真理都產生邪分別念：這也不對，那也不對，這裡說錯了，那裡也不合理。在他們的分別念當中，什麼都沒辦法接受，唯一能接受的就是自己的想

法，可是自己的想法只是一大堆邪見。

密宗的續部中說，如果有穩固的信心，即使愚笨者也很容易證悟法性。往生極樂世界也是如此，為什麼往往是不識字的老人臨終時出現各種瑞相，安詳往生極樂世界？原因也是這樣的。因此，對於殊勝的普賢大願，即使現在不能理解，我們也應該以信心接受，這樣能圓滿很多資糧。

丁五、現前授記之迴向：

> 彼佛眾會咸清淨，我時於勝蓮華生，
> 親睹如來無量光，現前授我菩提記。

阿彌陀佛的眷屬都是清淨的聖者菩薩，願我往生彼國後立即從殊勝的蓮花中化生㊴，親睹無量光如來的尊顏，如來用右手放在我的頭頂並授記：善男子，你將來某時在某世界成佛，佛號為……，所化眷屬為……

從「彼佛眾會咸清淨」這句經文，我們可以知道極樂世界的群體是極其清淨、善妙、快樂的。娑婆世界的群體有很多是非，這樣那樣不好的事情不斷發生，眾生聚集在一起經常造惡業，很少造善業。而極樂世界的群體都是具足智慧、悲心、功德者，相續中沒有任何惡劣的習氣，他們聚集在一起都是行持大乘佛法、利益眾生。

往生極樂世界以後何時見到阿彌陀佛，要觀待各人

㊴按《俱舍論》的說法，在胎生、濕生、卵生和化生中，以化生最為殊勝。

的善根和因緣。善根好的人馬上就能見到佛，善根差的人要在蓮花苞中住五百年後才能見到佛。《蓮宗寶鑒》云：「若人種善根，疑則花不開，信心清淨者，花開即見佛。」有些經典中說，有疑心的人雖然往生到極樂世界，也具足各種上妙受用，但八萬年中見不到阿彌陀佛，只能聽到阿彌陀佛說法的聲音。就像我在經堂傳法時，個別道友在家裡能通過收音機聽到說法的聲音，但是看不到我的身體一樣。所以我們要發願，往生極樂世界後不要因為心存懷疑而很長時間見不到佛。

第十課

一般來講，利根者於加行道得到成佛授記，中根者於見道得到成佛授記，鈍根者於八地得到成佛授記。在釋迦牟尼佛的傳記中，經常有世尊往昔在某位如來面前得到授記的說法。法王如意寶也得到過很多授記，比如菩提金剛曾授記：「單堅阿拉木天喇榮溝，鄔金蓮師化身名晉美，彼於菩薩四眾眷屬中，廣弘顯密教法如明日，利生事業頂天立地也，清淨所化眷屬遍十方，凡結緣者皆生極樂剎。」

往生極樂世界後雖然有了無量功德，但還需要阿彌陀佛為自己授菩提記。印度某大德造的注釋中說，所謂「親睹如來無量光，現前授我菩提記」，這說明需要佛的當面授記。因此，此處所謂的授記，不是往生後見不到阿彌陀佛，阿彌陀佛寫一張紙條「你將來如何如何」，然後讓觀音菩薩傳給自己。所以我們要發願：願我往生極樂世

界以後親睹如來無量光，親自得到成佛的授記。

　　凡夫人相續中有很多煩惱和不好的習氣，就像旁生不喜歡清淨的食物卻喜歡不清淨的食物一樣，許多凡夫人對於成就菩提、度化眾生往往不覺得很稀有，對貪嗔癡的對境卻特別耽著。身為凡夫人，我們也能看出自己的很多毛病：如果要聽聞佛法或者做有意義的事情，就像爬山一樣很辛苦；如果要幹壞事，就像下坡一樣輕鬆。很多人造起惡業來興致勃勃，過了十年、二十年、三十年都不覺得長；如果要他們行持善事，閉關七天都覺得太漫長了，天天掰著指頭數日子：已經過了一天、兩天、三天……，還有兩天才結束，我該怎麼辦啊？作為凡夫人，行持善法的確非常困難。正因為如此，所以我們要發願往生極樂世界，在清淨的蓮花中化生，親見阿彌陀佛，獲得成佛的授記，那個時候行持善法就容易了。

　　丁六、利益有情之迴向：

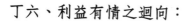

　　　蒙彼如來授記已，化身無數百俱胝，

　　　智力廣大遍十方，普利一切眾生界。

　　願我得到阿彌陀佛的授記以後，自己幻化出無數百千俱胝化身，以廣大的智慧周遍十方利益一切眾生。

　　極樂世界的菩薩幻化無量身體，之後來到十方世界的所化眾生面前，以智慧為眾生宣說佛法，這一切都是為了讓眾生遠離貪嗔癡，獲得智悲力。雖然他們暫時會以善

普賢行願品講記

巧方便讓眾生過得快樂，但最終目的還是讓眾生解脫。在《西方發願文》中，對此說得很清楚：「分身無數遍十方剎，以不可思議自在神力，種種方便度脫眾生。」

《普門品》中說，眾生應當以何種身得度，觀音菩薩就會相應示現沙門、比丘、國王、婆羅門等身相。《華嚴經》中說，菩薩的化身是不可思議的，只要對哪一類眾生有利，菩薩就會顯現那種身體來度化眾生。現在這個世界有沒有菩薩呢？絕對是有的。只不過我們不一定發現。很多菩薩通過示現一般的身相，與眾生一起說話、做事甚至「同流合污」，最終將眾生引入解脫道。所以我們一方面要對菩薩的示現觀清淨心，一方面要發願像菩薩一樣以各種方便饒益眾生。

從這個偈頌可以知道，往生極樂世界不是為了吃得好、穿得好，往生以後不是天天坐在那裡享受。有些退休幹部每天沒事情做，白天到茶館喝一點濃茶，晚上在家裡喝一點小酒，每天都這樣虛度時光。極樂世界的菩薩不是這樣，極樂世界雖然是非常快樂的剎土，但是那裡的菩薩沒有其他事情，每天唯一的工作就是圓滿功德，一旦圓滿了功德，他們就會精進地利益眾生。所以，修淨土法門者在人間時一定要培養利他的菩提心。

有些人可能懷疑：極樂世界是不是幻想出的世界呢？喬美仁波切解釋說：極樂世界跟我們現在這個人間一樣，它是真實存在的一個世界，只不過那裡的生活和人間的生

活有很大區別：在人間，眾生每天為了吃喝拉撒而感受許多痛苦；而在極樂世界，眾生沒有任何痛苦。

有些偏僻地方的人到了非洲後大吃一驚：啊，原來世界上有這麼多可憐的眾生！到了發達國家後又大吃一驚：哇，世界上有這麼多財富圓滿的眾生！同樣，孤陋寡聞者也會對極樂世界產生懷疑。不管怎麼樣，如果我們現在能發願，將來一定會往生到極樂世界，這種往生絕不是入於一種幻想或者夢境。對於極樂世界的存在，前輩大德有很多有理有據的文字，只不過某些人在這方面不太了解，再加上受邪知邪說的影響，導致產生了懷疑，這些人要在淨土理論方面進行充實。

歸根結底，往生極樂世界、面見阿彌陀佛、獲得菩提授記，這一切都是為了利益眾生。從歷史上看，很多大德都是為了利益眾生而往生極樂世界的。法王如意寶就是這樣的，他在生前最後一次極樂法會上開示說：「這次極樂法會來的人非常多，這也許是我們最後一次的聚會，但願不要如此，願我們將來還能相會。如果我離開人間，在我死後有可能還沒滿七七四十九天或者在母胎中還沒住滿九個月零十天，你們就認定所謂的轉世活佛。但如果我有自在的話，我離開人間後絕對不會無間就來娑婆世界，我應該無間往生極樂世界，在極樂世界面見阿彌陀佛，阿彌陀佛以蓮花般柔軟的右手放在我頭頂上後，得到菩提的授記。從此之後，智慧、神通等

普賢行願品講記

獲得自在，做利益有情的事不會像現在這麼弱小……那時再入輪迴的時候，對於總的南瞻部洲和雪域西藏的眾生，尤其是康巴地區我自己住的這個色達的有緣弟子，我以大悲心何時也不會捨棄。」

（本來，藏傳佛教有尋找上師轉世靈童的傳統，但因為法王有這些教誡，所以我們沒有尋找法王的轉世靈童，很多弟子只能唱「祈禱上師乘願再來」而已。現在有些領導一口咬定：「法王說過，他從來不會轉世。」但這種說法也是不對的。雖然法王說自己暫時不會來人間，首先會往生極樂世界，但法王並沒有說他永遠不來人間。）

在座道友當中，有些人見過法王，有些人沒有見過法王，不管怎麼樣，大家都和法王的法脈有緣，如果經常修持法王傳下來的法要，比如開極樂法會時念誦阿彌陀佛心咒，開金剛薩埵法會時懺悔罪業並發願往生極樂世界，或者修持法王傳下來的甚深密法⑩，肯定有希望往生極樂世界。

丙三、宣說發願之際：

乃至虛空世界盡，眾生及業煩惱盡，

如是一切無盡時，我願究竟恆無盡。

乃至虛空、世界、眾生、眾生的業和煩惱窮盡，我的願力才會窮盡，因為虛空等無有窮盡，所以我的願力也恆時無有窮盡。

第十課

---

⑩法王的很多密法都是導歸極樂，如《文殊大圓滿．手中賜佛》的最後就是往生竅訣：將自心觀為白色的阿字，阿字融入頭頂的上師心間，然後上師去往極樂世界。

虛空無有邊際，所以世界無有邊際；世界無有邊際，所以眾生無有邊際；眾生無有邊際，所以眾生的業和煩惱無有邊際；眾生的業和煩惱無有邊際，所以利益眾生的願力無有邊際，這就是菩薩的偉大願力。往昔文殊菩薩和地藏菩薩都發了無有邊際的利他大願。寂天菩薩在《入行論》中也發願：「乃至有虛空，以及眾生住，願吾住世間，盡除眾生苦。」

有人可能會想：如果眾生沒有邊際，那實際上眾生不可能度盡，既然如此，發願度盡眾生是不是一種狂妄心呢？不是。所謂度盡眾生，這是從發心角度而言的。對於無邊的發心，《菩薩瓔珞經》說得很清楚：「菩薩初發心，弘誓甚廣大，要盡虛空際，所願乃具足。」往昔釋迦牟尼佛、迦葉佛就是這樣發願的，雖然他們從成佛乃至涅槃期間並沒有度盡一切眾生，但依靠這種無邊的發心，他們快速圓滿了成佛的資糧。所以，如果有人想很快成佛，就要有無邊的發心。

無邊的發心才是大乘的發心，而有邊的發心，比如只度化自己的家人、只度化本民族或者國家的人，這種狹隘的心態不屬於大乘的理念。沒有詳細觀察時，很多人覺得發菩提心很容易。如果問起來：「發菩提心的人請舉手。」很多人都會把手舉得高高的。但這些人應該想一想：自己到底發的是什麼心？是發願度化有邊際的眾生還是無有邊際的眾生？

在這個世界上，菩提心是最偉大的思想。《入行論》中說，自己的父母、仙人甚至梵天在夢中都沒想過度化天下一切眾生。如果一個人要度化與自己不相干甚至害我、打我、殺我的一切眾生，世間人可能會覺得這個人精神有問題：怎麼他對自己的親朋好友不關心，反而要度化自己的怨敵？我的有些親戚就是這樣，當我拿錢幫助與自己沒有任何關係甚至曾經有矛盾的病人時，有些親戚特別生氣，他們狠狠地說我：「你怎麼幫助這個和我們有仇的人啊？」當然，他們不理解也是情有可原的，世間人的想法就是這樣的。

所謂的「我」，這是一個非常狹隘的範疇，大乘佛教的精神完全超越了「我」的家庭、「我」的民族、「我」的國家等狹隘的範疇，它是無條件幫助一切眾生的無限大愛，這就是菩提心的真義。在世間任何宗教和哲學中都找不到像菩提心這麼偉大的思想，世間人的思想都是為了自我，為了維護小小的自我，人類甚至造出了原子彈，只要按一下按鈕就能毀滅無數眾生。在這個顛倒迷亂的時代，如果誰能遇到大乘菩提心法門，並且發起度化一切眾生的菩提心，那確實是不幸當中的萬幸！因此，每個人都要努力生起菩提心，要努力將菩提心付諸於實踐，即使自己暫時生不起菩提心，也要對它產生歡喜心。

第十一課

　　我在講課過程中沒有固定模式，有時候先略說再廣說，有時候直接廣說。因為我畢竟是講課，不是造論。前輩大德說過，講課和造論有一定區別，講課不那麼嚴格，而造論則非常嚴格。所以我講課時比較放鬆，因為如果太嚴格了，不僅聽者感覺比較約束，講者也會感覺不太輕鬆。當然，有時候我也比較擔心，因為我的講課都被立成文字、做成光盤，以後看到這些資料自己也許會後悔：哇，我那個時候太放鬆了，好像在胡說八道一樣！但不管怎麼樣，我還是以自己的理解直接跟大家交流，這樣課堂效果會好一點。

　　今天這堂課主要講《普賢行願品》的功德，相信很多道友聽後一定會產生極大信心。我本人也是這樣的：以前雖然知道《普賢行願品》在藏地備受重視，開法會時經常念誦這部經，但由於它的文句特別難懂，除了後面幾個偈頌以外，很多偈頌都很難解釋，所以並沒有特別重視它，後來我聽法王講了兩次《普賢行願品》，尤其是聽法王講了《普賢行願品》的功德後，自己才對此法門生起了極大信心。

　　前一段時間我也講過，雖然自己修得不好，但二十多年來基本上沒有中斷過念《普賢行願品》。希望道友們今後也要堅持念《普賢行願品》。當然，要做到這一

普賢行願品講記

點，最好是借助共修的力量。以前法王說過，每天上課時不管散亂與否，至少能念一遍《普賢行願品》，這就是一種殊勝的功德。我覺得法王講得非常有道理，如果沒有大眾的共修，很多人不一定能堅持這種善行。比如今天是星期天，雖然我很想念一遍《普賢行願品》，可是白天忙來忙去，一直沒工夫念，到了晚上睡覺時就會想：唉，今天太累了，算了，明天再念吧。很多道友也有這種情況。所以，從長遠來看，共修的力量確實遠遠超過個人修行。如果是個人修行，一兩天精進是可以的，而且獨自念經感覺很寂靜，似乎永遠堅持下去都沒有問題，但時間一長就堅持不下去了。我以前發現過這種情況，有些居士離開了佛教的團體，後來他們聞思修行的力量非常微弱。所以希望大家以後要重視共修。

大家應該認真看《普賢行願品》，要對其中所說的功德生起誠信。法王如意寶再三講過，《普賢行願品》是佛菩薩的金剛語，這裡面的說法是非常了義的，只要念一遍必定會獲得如此功德。如今我們獲得了難得的人身，應該努力修持《普賢行願品》，這才是人生最大的意義。下面開始講課。

乙三（後行以宣說功德而結尾）分二：一、現世果報；二、來世果報。㊶

㊶在此處的科判中，所謂現世果報和來世果報，這是從主要角度而言的。

丙一（現世果報）分四：一、獲得殊勝福德；二、速見如來等利益；三、獲得等同普賢菩薩之功德；四、淨除業障。

丁一、獲得殊勝福德：

十方所有無邊剎，莊嚴眾寶供如來，

最勝安樂施天人，經一切剎微塵劫。

為了凸顯《普賢行願品》的功德，這個偈頌列舉了兩種作為對比的功德：

1.十方無量剎土中遍滿如意寶、金、銀、瑪瑙、珊瑚、寶石等珍寶，將這些珍寶在一切佛剎微塵數劫中供養十方三世一切如來；

2.以人、天、龍、夜叉、羅剎界的妙衣、傘蓋、勝幢、鮮花、宮殿、車乘等最殊勝、最悅意的資具，在一切佛剎微塵數劫中布施一切人天眾生。

這兩種功德之量是無法計算的，從供養或者布施的對境、時間、物品來講，都如同天文數字般廣大。當然，我們不可能真實做到這兩種善法，這是假設在百千萬劫中以無量莊嚴珍寶供養一切如來、以最殊勝的安樂布施一切眾生。《法華經》、《百業經》等佛經中說，哪怕供養世尊微少物品，也會獲得相貌端嚴、快樂幸福、無病長壽、不墮惡趣、永處善趣等功德。既然對一尊佛一次供養微少供品都有如此功德，那麼在百千萬劫對一切佛作廣大供養或者對一切眾生作廣大布施，功德

就更是無法想像了。

然而，與上述功德相比，下面的功德更大。

若人於此勝願王，一經於耳能生信，
求勝菩提心渴仰，獲勝功德過於彼。

如果有人聽到殊勝的普賢願王後生起信心，對殊勝大菩提產生渴求心，這個人所獲的功德遠遠超過前者。

人當中有兩種類型。一種人以前世的善緣，今生對善法很容易相信，一聽到善法的功德就能接受。比如有的人以前對佛理懵懵懂懂，但後來一聽善知識宣講《普賢行願品》，馬上就生起信心：《普賢行願品》的功德這麼大，今後我一定要好好修持這個法！另一種人因為累世流轉三惡道，今生對惡法深信不疑，而對善法則不容易接受。

對於一般人來講，不可能用無量珍寶作供養，只能供養一般的供品，不可能在無量諸佛面前作供養，只能在幾尊佛像前作供養，而且也沒有精力和時間作長期供養。但此處講到，如果有人聽聞普賢願王後生起信心，對大菩提生起渴求心，功德已經遠遠超過了供養諸佛。這就是普賢菩薩的金剛語。在長行文中，對此有更為詳盡的說明。

通過這兩個偈頌，我們可以明白這樣一個道理——信心、菩提心等內心的功德遠遠超過外在善法的功德。

第十一課

《中觀四百論》也有這樣的說法：「若有建寶塔，高與世間等，調伏使發心，說福勝於彼。」（若有眾生因敬仰佛而修建佛塔，塔高與色究竟天相等，另有人調伏一個眾生並使其發菩提心，佛說後者所獲福德勝於前者。）

現在很多人對外在的善法比較重視，當然這也非常好，造一座經堂、修一個佛塔、塑一尊佛像，這絕對是有功德的，我們也不能否認。但實際上，如果對《普賢行願品》生起信心，對大菩提產生希求心，那麼所獲的功德絕對超過外在善法。

在佛教當中，內心的功德是最重要的。《華嚴經》云：「若見人中尊，求佛心決定，當知如是人，必獲如來智。」意思是，如果有人見到世尊後產生了希求佛果的決心，當知這個人必定會獲得如來的智慧。我們都知道，如來的智慧就是內心的成就，並不是外相上的東西。以前米拉日巴離開瑪爾巴上師時，上師叮囑他說：「你應該好好修行，要是修行獲得了成就，這就是對上師的供養、對父母的報恩和對眾生的利益。」瑪爾巴上師所謂的成就，也是指內心的功德，並不是外在的身體能飛來飛去、語言能打動人，更不是身居高位、財富圓滿。

以前有些道友在喇榮山溝苦行，這些人回到漢地以後，其中個別出家人成了大和尚，個別居士成了大老闆，因為有了地位和人民幣，所以他們自認為有所成

就，說話和表情跟以前完全不同了，甚至以前吃飯是大口大口，現在吃飯也變成另一種方式了。其實，這並不是什麼成就。按照大乘的標準，真正的成就是內在的菩提心成熟。對於有菩提心的人來說，有錢也可以，沒錢也可以，有地位也可以，沒地位也可以，因為他們內心已經得到了世間最珍貴的東西。

有些寺院的住持和尚很自豪地說：「這是我塑的佛像，這是我塑的菩薩像，我還準備修一座大雄寶殿，預算要投入三個億。」修大雄寶殿當然功德很大，但我是這樣認為的：如果能給別人講一遍《普賢行願品》，不管是一百個人、十個人還是五個人聽，只要讓他們懂得《普賢行願品》的意義，這個功德遠遠超過修大雄寶殿。

第十一課

由此我也想到，通過講經說法讓眾生懂得佛法確實是最重要的事情。法王如意寶一輩子最重視的就是講經說法，甚至在文革那樣的特殊時代，他老人家依然堅持講經說法。喇榮附近有一個山洞，文革期間法王在那裡為桑管家等三四個人傳講了《大圓滿心性休息大車疏》。當時每天中午法王從山下趕著牛上來，桑管家等人從山上趕著牛下來，在半山腰的山洞會合後，一個人在外面放哨，其他人在山洞裡聽法王講法。在另一個地方還有一個山洞，這個山洞是在地上挖出來的，現在還剩一點痕跡，法王在那裡給兩個人也傳講了一部法。大

家想一想：法王是那麼了不起的大成就者，在那麼困難的時代，只要有一兩個人願意聽法，法王都不辭辛勞地宣說，可見他對講經說法何等重視。

　　佛法的命根就是證法和教法。外在的經堂等雖然是三寶所依，但它們對佛法住世起不到根本作用，一旦人們心裡沒有了教法和證法，佛法就很難在世間延續下去。當今時代，由於教法和證法非常衰敗，佛教徒的素質普遍不高，很多人對教理一竅不通，修行也是盲修瞎煉，甚至相當一部分人在佛門是混日子。現在社會上流行「混」字，如：讀大學成了混大學，上班成了混飯吃。有一個微博裡說：高檔車，70%的速度是用不上的；豪華別墅，70%的空間是空閒的；公務員，70%的都是混飯吃的……佛教徒千萬不要變成這樣，不管出家人還是在家人，每天不要把時間混過去。如果你有能力，一定要以佛法利益眾生，如果沒有能力，自己就要精進聞思修行。總之，只要自己的身體能承受，每天都要做有意義的事情，尤其《普賢行願品》功德那麼大，如果我們每天沒有念修《普賢行願品》，從某個方面來講，自己的人身確實就空耗了。

普賢行願品講記

丁二、速見如來等利益：

　　即常遠離惡知識，永離一切諸惡道，
　　速見如來無量光，具此普賢最勝願。

如果修持普賢願王，就能恆常遠離惡知識，永遠離開一切惡道，很快見到無量光如來，在如來加持下具足普賢最勝行願。㊷

在這個偈頌中，講了修持普賢願王的幾種利益。

1·恆常遠離惡知識。什麼是惡知識？印度一些大德的講義說：站在大乘的角度，不僅外道徒和不信仰佛教的世間凡愚，乃至希求自利解脫的聲聞緣覺都是惡知識，我們如果交往、依止他們，逐漸就會對大乘產生邪見、退失信心，大乘的善根就會被摧毀。

人是很容易受到朋友影響的。阿底峽尊者說，乃至獲得一地菩薩前都可能受惡友影響。有些論師說，三地菩薩還會受惡友影響。這種說法應該是不了義的，三地菩薩絕對不會因惡友引誘而變壞。但凡夫人的確很容易被惡友影響。麥彭仁波切也說過，一個人的行為如何，從他交往的人就可以斷定。所以，希望大家以後多念《普賢行願品》，這樣自然會斷絕與惡友的緣分，自然會值遇善知識和志同道合的大乘道友，跟這些善友在一起，自己的所作所為肯定是利益眾生，談論的話題也肯定是善法。（昨天有兩個道友經過我家門口，我用披單蒙著頭跟在後面，他們一路上在說話，最後發現我的時候，他們驚訝地說：「……幸好我倆沒說不好的事情！」）

我們應該觀察自己交往的是惡友還是善友，這一點

㊷在藏文譯本中，「具此普賢最勝願」是第一句，所以意義也略有區別。

非常重要。如果好人和壞人在一起，剛開始好人想把惡人提上來，結果好人卻被壞人慢慢拉下去。為什麼呢？因為在惡和善當中，惡的力量肯定大於善的力量。有些佛教徒就是如此，本來他們想度化一些惡人，結果不但沒有度化惡人，最後反而跟惡人同流合污。這樣的例子在現實中非常多。

2.永離一切諸惡道。世間有很多地獄、餓鬼、旁生等可憐眾生，如果我們經常念《普賢行願品》，就會遠離這些低劣的身分。

法王曾說：「為什麼我每天都念《普賢行願品》？因為我擔心自己墮入惡趣。從『永離一切諸惡道』這句話，可以直接理解為，只要經常念《普賢行願品》，以後就不需要再墮入惡趣。既然不需要墮入惡趣，那為什麼不精進念《普賢行願品》呢？」

在座很多人以前造了不少惡業，而且不管從內心的胡思亂想還是從身語的散亂狀況來看，對自己的現狀也特別失望。但實際上，只要這些人一心一意念《普賢行願品》，一定會摧毀轉生三惡道的種子。所以，道友們應該精進念《普賢行願品》。

3.速見如來無量光。如果今生好好修持《普賢行願品》，臨終就能見到被無數比丘菩薩圍繞的無量光如來，如來會以金剛語讚歎自己：「善來，善男子……」，之後自己會順利往生極樂世界。

普賢行願品講記

見到如來是非常榮幸的，這不是世間人賺到大錢、遇到好友所能比擬的。如果臨終時見到阿彌陀佛的尊顏，所有的罪業就能得以遣除並往生極樂世界。很多佛教徒的心願就是獲得解脫，既然依靠《普賢行願品》能面見阿彌陀佛並往生極樂世界，那我們為什麼不精進修持此法呢？

許多前輩大德都非常重視《普賢行願品》。唐朝的時候，師子國有一個叫僧彌伽多羅的高僧，他是證得三果的聖人。僧彌伽多羅來到中國後，見到有人讀誦《華嚴經》，他歡喜地說：「沒想到此地也有《華嚴經》！相傳在印度有人只是對此經作了稱讚，此人洗手的水沾到蟲子螞蟻，牠們命終都生於天上，何況受持此經的功德呢？」

藏地也有很多終生念誦《普賢行願品》的修行人。去年，我們學院有一位叫丹珠的老喇嘛圓寂了，他生前念了六億遍觀音心咒，一百萬遍《普賢行願品》！在座各位不一定能念一百萬遍《普賢行願品》，但只要每天堅持念誦，這也是非常了不起的。

我讀小學時住在一個老喇嘛家中，當時是七十年代，宗教政策還沒有開放，但他一直堅持念誦《普賢行願品》。每次念經前，老喇嘛都讓我把院門關上，否則念經時如果有人闖進來，告上去以後他可能命都沒有了。我記得很清楚，那個老喇嘛的院子裡有一張破椅子，他的身體不是很好，腿腳也不太方便，但每天上午

他都走到院子裡，坐在破椅子上念《普賢行願品》。因為每天不斷地念誦，最後他的課誦集都被手指磨破了。

為什麼漢地和藏地的很多大德特別重視《普賢行願品》呢？就是因為依靠這部經典，能讓人們遠離惡知識，堵塞一切惡趣之門，很快見到阿彌陀佛。所以希望大家以後重視《普賢行願品》。

丁三、獲得等同普賢菩薩之功德：

> 此人善得勝壽命，此人善來人中生，
>
> 此人不久當成就，如彼普賢菩薩行。

修持普賢大願的人能獲得善妙的壽命和人身，此人不久會成就如同普賢菩薩一樣的妙行。

如果一個人能聽聞、思維、受持、讀誦、觀修《普賢行願品》，這個人的生命在世間就是最殊勝的。為什麼呢？從因方面看，獲得人身後如果修持《普賢行願品》，自己的人生就沒有虛耗，所以是勝壽命。從果方面看，如果今生修持《普賢行願品》，來世就會成為具足福報、所願皆成、無病長壽、相貌端嚴的人，所以是勝壽命。

如果一個人對社會和家庭沒作出任何貢獻，自己也沒修持任何善法，這個人的生命是沒有意義的；如果一個人經常念誦《普賢行願品》，這種人的生命就是有意義的。在《佛本行集經》中也有這樣的說法：「若人壽命滿百年，愚癡心恆生散亂，有能智慧及禪定，一日活足勝

彼長。」（如果有人活了一百年，可是他們非常愚癡，經常處於散亂的狀態，如果有人具足智慧和禪定，那即便活一天也勝過前者。）

㊸作為有智慧的人，我們應該讓自己的生命有意義。

有時候看到世間人天天造惡業，我當面不敢說，但內心確實有這種想法：與其這樣造惡業而活著，還不如早點離開世間。相反，每當看到行持善法的人，我都會覺得這種人即便活一天也是有意義的。我的老母親經常說：「你會不會比我先離開人間？如果是這樣，我不如早點死了好。」我就安慰她：「你不要這麼消極，你現在每天至少念一遍《普賢行願品》，你獲得人身還是有意義的，你要好好活著。」我不是故意對她說好話，我確實是這樣認為的。

獲得人身並且遇到佛法，這本來是非常幸運的，但很多人卻不這麼認為，他們覺得只有眼前的事業成功，人生才算有意義，否則不如早點結束生命。其實這是一種愚癡的想法。這些人應該想想：自己離開世間後有沒有解脫的把握？如果沒有解脫的把握，還是應該繼續活下去。否則，你離開世間後，也許會以業力投生到伸手不見五指的黑暗處，那就更可憐了。

只要我們不斷地修持《普賢行願品》，自己的生命就會越來越美好，不久的將來一定會成就普賢菩薩的妙

㊸在《佛本行集經》中有許多無意義和有意義的比較，如云：「若人壽命滿百年，盲聾憒憒無聞見，其有見佛及聞法，一日活足勝彼長。若人壽命滿百年，憒憒淘亂無覺察，有能諦觀生死趣，一日活足勝彼長。」

行。播下什麼種子，就會收穫什麼果實，這就是自然規律。因此，大家要相信普賢菩薩的金剛語，相信前輩大德的教言，努力修持《普賢行願品》。

在修持《普賢行願品》的過程中，自己必須要有堅強的毅力。如果三天打魚兩天曬網，短暫地修行幾天，那不會有什麼成果。現在個別人今天去一個道場看看，沒有修出什麼驗相；明天去另一個道場，也沒有什麼感覺；後天再去一個道場……這樣到處飄來飄去，最終一無所得。其實在修行過程中應該穩重，首先要通過觀察選擇具相的善知識，然後要長期依止善知識，不要經常變來變去。如果一個人好不容易找到一個工作，剛幹幾年又換一個工作，這樣一直換來換去，人生有多少年可供折騰的？想在世間有所成就，尚且需要多年的堅持，要在出世間有所成就，就更是如此了。所以大家要定下心來，不要一直飄蕩。實際上，如果佛法沒有融入心，跑到哪裡也不會有收穫；如果佛法融入心，那根本不需要到處飄蕩，即使住在一座破廟、依止一位沒有名氣的善知識，也能得到高深的境界。

對於《普賢行願品》，大家應該抱著有生之年不斷修行的堅定信念。我們這裡很多道友已經念了二十多年《普賢行願品》，我相信他們以後不會放棄這種修行。而剛皈依、剛學佛的人則不好說了：今天聽說《普賢行願品》很好，說不定下課後馬上要念一遍；可是一個月

普賢行願品講記

以後，他們也許就把《普賢行願品》拋之腦後了，又選擇一條新的「光明之道」，甚至把法本也供養上師。如果上師心胸比較狹窄，看了法本也許會昏厥。希望大家不要變成這樣，應該長期修學《普賢行願品》。金子不管到哪裡都不會變質，《普賢行願品》的價值也是如此，密宗、華嚴宗、禪宗、淨土宗等所有大乘宗派的精華都包括在裡面，希望有些人不要過分執著自宗，應該一心一意修持《普賢行願品》。

丁四、淨除業障：

> 往昔由無智慧力，所造極惡五無間，
> 誦此普賢大願王，一念速疾皆消滅。

以前由於沒有智慧而造的極惡五無間罪，以念誦普賢願王的力量一念頃就能消滅。

五無間罪是殺父、殺母、殺阿羅漢、出佛身血、破和合僧，這五種罪業是在深重的無明煩惱推動下造作的，它們是導致墮入無間地獄的惡業。在顯宗當中，五無間罪是最嚴重的惡業。《大乘義章》中說：「此五何故名無間業？釋有四義：一、趣果無間故曰無間。故成實言，捨此身已次身即受故名無間。二、受苦無間。五逆之罪生阿鼻獄，一劫之中苦苦相續無有樂間，因從果稱名無間業。三、壽命無間。五逆之罪生阿鼻獄，一劫之中壽命無絕，因從果因名為無間。四、身形無間。五逆之罪生阿鼻獄，

第十一課

阿鼻地獄縱曠八萬四千由旬，一人入中身亦遍滿，一切人入身亦遍滿，不相障礙。因從果號名曰無間。」

在五無間罪當中，後三種現在不容易犯：現在佛的色身不住世，所以不可能出佛身血；破和合僧只在佛住世時會出現，並且只有提婆達多那種與佛對著幹的人才會造這種罪業，所以現在也不可能造這種罪業；阿羅漢在佛教果期比較多，現在已經非常少了，所以也不可能殺阿羅漢。（現在很多人不知道什麼是阿羅漢。原來有一個道友說他「基本上」獲得了阿羅漢果位。我問他什麼叫「基本上」獲得阿羅漢果。他說：「因為我經常感覺沒有煩惱，聽說阿羅漢是沒有煩惱的，所以我基本上得到了阿羅漢果位。」）現在能造的無間罪就是殺害父母親。在現在的新聞裡，不時報道殺害父母的惡性事件。按理來說，世間對自己恩德最大的就是父母親，所以殺害他們的過失也極其嚴重。

根據這個偈頌，如果有人造了五無間罪，只要念一遍《普賢行願品》，這些罪業決定會滅盡。這一點還是非常令人驚訝的，因為按顯宗自宗的觀點，再沒有比五無間罪更嚴重的罪業了，也沒有清淨這種罪業的辦法，造此罪者死後將直墮無間地獄。

長行文中說：「或復有人以深信心，於此大願受持讀誦，乃至書寫一四句偈，速能除滅五無間業。所有世間身心等病，種種苦惱，乃至佛剎極微塵數一切惡業，皆得消除。」從這段經文可以知道，不僅五無間罪，入

菩薩乘後如果犯了菩薩戒，入別解脫乘後如果犯了別解脫戒，沒有入佛教的人如果造了十不善業，只要念誦《普賢行願品》，所有的罪業都能滅盡。可見《普賢行願品》確實是非常殊勝的懺悔文。

以前法王講到《普賢行願品》這個偈頌時，有一個叫嘎多的老堪布舉手提問：「有那麼簡單嗎？一個人把父親和母親殺了，然後念一遍《普賢行願品》，罪業是不是就沒了？」法王非常肯定地說：「是這樣的，不需要觀想等其他要求，只要念一遍《普賢行願品》，以這個功德就能遣除罪業。」嘎多堪布又問：「既然念一遍《普賢行願品》就能清淨罪業，那人們是不是可以隨便造惡業呢？」法王說：「這也不一定。有智慧的人在懺悔時具足四種對治力，由於具足返回對治力，所以也不會再隨便造惡業。」

《華嚴經》是公認的了義經典，不是暫時引導眾生的不了義經典，此經的觀點是最究竟的。在座諸位當中，殺父殺母的人不一定有，但有些人造過接近五無間罪的惡業或者其他惡業。無論出家人還是在家人，每個人相續中肯定都有不少罪業。既然如此，那怎樣才能在臨死之前清淨罪業呢？一方面要多念金剛薩埵心咒或者百字明，另一方面就要多念《普賢行願品》，這樣雙管齊下是最好的辦法。這裡的要求並不高，只要「誦此普賢大願王」，罪業就能「一念速疾皆消滅」，並沒有說

一定要觀想得清清楚楚，對於欲清淨罪業者來說，這確實是很大的安慰。

當然，要想清淨罪業，念誦《普賢行願品》時必須要有堅定的信心，如果連信心都沒有，那不可能清淨罪業。不管修什麼善法，前提都必須具足信心和智慧，有了信心和智慧才會圓滿得到功德，如果缺了信心和智慧，修持任何善法都不一定成功。《涅槃經》云：「若人信心無有智慧，是人則能增長無明。若有智慧無有信心，是人則能增長邪見。」永明延壽禪師也說：「若信而不解，則日夜長無明。若解而不信，則日夜長邪見。」所以大家要努力培養智慧和信心。

普賢行願品講記

希望大家以後好好念《普賢行願品》。在這個世界上，每個人或多或少都造過惡業，有些惡業是能想起來的，有些惡業是想不起來的。有些人即使今生沒造過惡業，宿世肯定也造過惡業。尤其漢地大城市裡的人業力很深重，僅僅為了吃飯就殺害了很多眾生。如果臨死之前，自己造過的惡業沒有懺悔清淨，那是非常遺憾的。既然如此，為什麼每個人不精進念誦《普賢行願品》呢？這次講完《普賢行願品》以後，我希望大家能發願：只要沒有特殊情況，每天至少要念一遍《普賢行願品》。如果這樣發願並如實行持，臨終時一定會清淨一切罪業並順利往生極樂世界。對每個求解脫的人來講，這是非常重要的。

第十二課

丙二（來世果報）分三：一、世間異熟果報；二、出世間果報；三、總結功德。

丁一、世間異熟果報：

族姓種類及容色，相好智慧咸圓滿，

諸魔外道不能摧，堪為三界所應供。

修持普賢行願的人會感得族姓、容貌、膚色、相好、智慧極其圓滿，一切魔眾和外道不能摧毀，堪為三界眾生的應供處。

修持《普賢行願品》的果報非常殊勝，生生世世會具足超勝其他眾生的超群功德。聽到這些功德後，每個人肯定都願意念《普賢行願品》。下面次第介紹這些功德。

1.家族種姓高貴

古代人特別講究種姓，比如在古印度，婆羅門和剎帝利是最高貴的種姓。現代社會雖然不像古代那樣講究種姓，人和人基本上是平等的，但不同家族和種姓的人還是有很大差別，甚至同一家庭的人也有很大差別，比如一對雙胞胎，一個人長大以後會成為有權力、有地位、有財富的受人恭敬者，而另一個人則不一定能成為這樣的人。如果我們經常念《普賢行願品》，來世就會轉生為高貴者。

2.容貌端嚴

在世間很難找到容貌沒有缺點的人。如果經常念《普賢行願品》，生生世世會五官端正，看起來非常莊嚴，找不到任何缺點。

3.膚色美麗

有些人容貌比較好，但是膚色不好，有些人膚色比較潤澤，但是容貌不太好，總是存在一些缺點。為了好看，現在很多城市裡的人使勁在臉上敷白、紅、灰色的顏料，有些人不知道塗了什麼東西，臉上好像有很多小星星一樣發亮。其實，如果經常念《普賢行願品》，根本不需要在臉上敷東西，來世會具足佛陀般的金色皮膚或者白裡透紅的皮膚。

4.相好圓滿

佛陀具足三十二相和八十隨形好，轉輪王和大福德者也有與佛類似的妙相。如果經常念《普賢行願品》，也可以獲得這些妙相。

5.具足智慧

念《普賢行願品》者能獲得遠離一切愚癡黑暗的廣大智慧，不管抉擇世間法還是出世間法都不會有出入。

只要經常念《普賢行願品》，生生世世會具足各種善妙的異熟果報。其實，人們很需要圓滿的異熟果報。無垢光尊者也曾發願：「願我乃至生生世世中，獲得具足七德87之善趣。」有些法師經常講：「大家要好好行

普賢行願品講記

持善法，這樣生生世世會相貌漂亮、皮膚細膩。」不過很多眾生過於耽著這些，如果講極樂世界的功德，很多人不一定愛聽，如果我們說：「你現在好好念佛，將來會長得很漂亮」，他們都會拼命念佛。

6.不為諸魔外道所害

修行人要懂得什麼是魔。《大智度論》中說，凡是能奪慧命、壞善法的就是魔。這是從一般角度講的。按《華嚴經》的觀點，凡是與發菩提心、利益眾生、行持六度萬行相違的都是魔業，這部經中提到了十種魔業，比如忘失菩提心修諸善根是魔業，不發心求大菩提是魔業，修行六度時產生懈怠是魔業，等等。這是從大乘嚴格角度講的。

第十二課

如果一個人經常念《普賢行願品》，世間的成千上萬魔眾以及六十二種（或者三百六十種）外道都無法對其作損害。我經常想，法王如意寶和他的傳承弟子終生修持《普賢行願品》，依靠這種不共的緣起，邪魔外道很難侵入他老人家的道場和傳承法脈，可以說是無機可乘。在漢傳佛教中也有很多精進修持《普賢行願品》的高僧大德，他們依靠《普賢行願品》的威力也戰勝了弘法利生過程中的一切魔障。大家應該對《普賢行願品》的功德深信不疑，有生之年好好念《普賢行願品》。

㊹七德：種姓高貴、形色端嚴、長壽、無病、緣分優異、財勢富足、智慧廣大。

法王曾經說：「本來密宗當中有很多遣除違緣的猛修法，比如在八大法行中有金剛橛、馬頭明王等猛修儀軌，但是如果修行者沒有大圓滿或者生圓次第的境界，雖然這些法很殊勝，但使用起來不一定成功。在這種情況下，還不如以慈悲心念誦《普賢行願品》。這樣的話，修道過程中的一切違緣和障礙全部會銷聲匿跡。」

作為修行人，遇到魔障是很正常的。我們也經常聽到有人說：「唉，我現在又遇到魔障了，又出現違緣了。」魔障是各種各樣的：有些魔障是看不見的，比如有些非人入於你的心，使你內心逐漸產生惡念，行為也不知不覺往惡法方面轉；有些魔障是能看見的，比如親朋好友以粗暴或者溫和的言行讓你離開學佛的正道。依靠《普賢行願品》的威力，一切有形無形的魔障都能得以遣除。

一般來說，念《普賢行願品》的人不會遇到魔障，即使遇到魔障也能很快遠離。在如今這個魔眾極其猖狂的五濁惡世，如理修持正法的人可謂鳳毛麟角，為了保護自己的修行，大家最好披上《普賢行願品》的鎧甲。我看過在伊拉克作戰的美國士兵，為了防止被子彈擊穿，他們都穿著厚厚的防彈衣，甚至在炎熱的夏天也穿得厚厚的。作為修行人，我們不用擔心被世間的子彈擊穿，但魔眾的子彈比世間的子彈更厲害，一旦被擊中心臟就不可救藥了，所以大家要注意保護自己的慧命。

普賢行願品講記

7.堪為三界所應供

經常念《普賢行願品》的人可以接受三界眾生的供養，甚至天王也會頂戴此人足下的微塵。有些人擔心接受不了別人的供養、頂禮、讚歎，其實只要好好念《普賢行願品》，完全可以消受這些有漏的供養。藏傳佛教有這種傳統，如果有人對自己作了比較大的供養，自己就會專門為對方念《普賢行願品》作迴向。在我們學院，供齋時僧眾都要念《隨念三寶經》和《普賢行願品》作迴向。

丁二、出世間果報：

> 速詣菩提大樹王，坐已降伏諸魔眾，
> 成等正覺轉法輪，普利一切諸含識。

修持普賢行願有什麼出世間果報呢？就是很快獲得佛果。大家應該清楚，修持普賢行願目的不是升官發財、脫離病苦厄運，應該是成就佛果。修持普賢行願與成就佛果是能生因和所生果的關係，只要我們修持普賢行願，很快會獲得大菩提果位，這是毫無疑問的。

下面以坐菩提道場、降伏諸魔眾、成等正覺、轉法輪這四相來宣說此理。

1.坐菩提道場

當年悉達多太子經歷六年苦行後，去往具有十六功德㊺的菩提迦耶，在菩提樹下金剛跏趺坐，立下誓願：

㊺十六種功德詳見《佛本行集經》。

「我今若不證，無上大菩提，寧可碎此身，終不起此座！」同樣，念《普賢行願品》的人很快也會到菩提樹王下安住。

2.降伏諸魔眾

悉達多太子在菩提樹下安住後，魔王波旬率領魔眾前來擾亂，可是他們非但不能摧毀菩薩的道業，反而被菩薩以大慈悲心降伏㊻。同樣，如果我們念《普賢行願品》，也會很快降伏一切魔眾㊼。

3.成等正覺4.轉法輪

悉達多太子降魔後大徹大悟，之後將自己證悟的境界為有緣眾生宣講。同樣，現在我們念《普賢行願品》，也會像世尊一樣示現成佛、轉妙法輪。

總之，修持《普賢行願品》目的就是成佛，成佛目的就是利益眾生，要利益眾生就必須傳授佛法，要傳授佛法就必須轉法輪。如果沒有轉法輪，光是以如來密意傳㊽來傳授佛法，很多眾生不一定能接受。因此，大家要發願以宣說佛法來利益眾生。

當然，在此過程中自己發心必須清淨。世間的老師給學生傳授知識，目的就是為了養家糊口，雖然不排除

普賢行願品講記

㊻降魔過程詳見《佛本行集經》。
㊼從了義的觀點講，不僅要降伏外在世間魔眾，更要降伏內在的煩惱障和所知障等一切分別執著的魔眾。
㊽如來密意傳：本師如來於無勤任運大悲自覺智慧自相光明性中，以無言之方式宣講諸法，使諸眷屬現前無倒實相密意。喬美仁波切說，賢劫千佛之間都屬於如來密意傳，比如釋迦牟尼佛就是以如來密意傳的方式向彌勒佛傳授佛法。

個別老師是無私地奉獻，但大多數人並不是為了利益學生。而作為發菩提心的人，宣說佛法不能為了自己的利益，應該是為了利益眾生。因此，大家在宣說佛法過程中首先要觀察自己的發心——我是不是為了得到名聞利養？如果是這種發心，那不叫宣說佛法，而叫販賣佛法。如果一個人想謀取名聲、地位、財富，那最好不要宣說佛法。釋迦牟尼佛的教法猶如甘露一般，將這麼珍貴的佛法作為謀利手段是非常不合理的，還不如去打工、掃廁所，後一種生活方式更為清淨。

現在很多人對佛教存在很大誤解，認為出家後什麼事情都不需要做了。其實，出家以後更是任重道遠，因為出家人既然沒有家庭、單位的約束，就應該全身心投入到弘法利生事業中，這才算是發菩提心的大乘出家人。（如果是小乘出家人，當然可以希求自我寂滅的果位。）換句話說，對於發菩提心的人來講，利益眾生就是自己的終極目標。要利益眾生就必須宣講佛法，否則眾生對佛教的基本道理一無所知，那根本不會有解脫的機會。可惜的是，現在有些出家人對講經說法不重視，一直忙於建佛殿、塑佛像，其實這些人應該明白：雖然建立三寶所依有一定功德，但最重要的還是讓人們心中樹立佛法的理念。

上一個偈頌和這個偈頌是遞進關係。

首先，為了利益眾生，就需要讓眾生接受自己，不

要變成令眾生討厭、不願見的人。有些人因為前世的因不好，不管到哪裡都不受歡迎，不僅在家時不受歡迎，出家後依然如此：到這個班不受歡迎，到那個班也不受歡迎；在一個道場不受歡迎，在另一個道場也不受歡迎。而有些人則相反，不管走到哪裡，都受到大家的尊重和歡迎。所以，為了讓眾生接受自己，我們應該發願獲得種姓、容貌、智慧等暫時的世間圓滿。

其次，我們還要發願獲得出世間功德——成佛轉法輪。人身很難得，何時離開世間也很難說，現在我們與這麼多佛教徒念《普賢行願品》，這有無量的功德，大家在念誦過程中要這樣想：我今天念《普賢行願品》，不是為了暫時的世間果報，而是為了早日成佛轉法輪。[49]

普賢行願品講記

丁三、總結功德：

若人於此普賢願，讀誦受持及演說，

果報唯佛能證知，決定獲勝菩提道。

如果有人對此普賢大願進行讀誦、受持、演說，這個果報唯有佛才能了知，此人決定會獲得殊勝的菩提道。

《普賢行願品》功德極大，即便不能領會其內容，僅從字面上念誦也有很大功德，如果在理解內容的基礎上對其作十法行，這個功德就更大了。所謂十法行，就

---

[49]雖然凡夫人也可以轉法輪，但只是相似轉法輪，只有佛和菩薩才能真正轉法輪。

是書寫、供養、施他、諦聽、披讀（自己讀誦經文）、受持（受納教法，憶持不忘）、開演、諷誦（讀誦經文以便令他人生喜）、思惟、修習。十法行的功德極大。《辯中邊論》中說：「行十法行者，獲福聚無量。」其實，十法行可以說就是聞思修，一方面十法行包括了聞思修——諦聽、思惟、修習，另一方面聞思修也包括了十法行——諦聽是聞，思惟是思，其餘八種法行是修。現在我們上一堂課，基本上具足了十種法行：對聽者來說，具足了諦聽、思惟、書寫（做筆記）等；對講者來說，具足了開演、諷誦等。

　　這個偈頌說，對《普賢行願品》讀誦、受持、演說，將獲得不可思議的功德。這個功德有多大呢？連阿羅漢都說不清楚。阿羅漢的智慧非常廣大，能知道過去未來很多世的事情，但因為這個功德太大了，所以他們也說不清楚。除了聖者阿羅漢，世間的仙人也不知道這個功德有多大。㊿唯有全知的佛陀才知道這個功德有多大，佛陀能準確地說出：某人往昔念過《普賢行願品》，以此功德他多少次轉生天界，在天界擁有何等的相好、智慧、財富、長壽，之後多少次轉生人間，在人間又擁有何等功德……

　　在藏文譯本中，本偈頌最後說「勿疑惑」。長行文

㊿很多外道仙人都有神通，但他們的神通很有限，只知道前幾世或者後幾世的事情，至於無數世前後的事情就不知道了，由此往往出現對業因果的錯誤認知。

中也說：「莫生疑念，應當諦受。」這是提醒後學者不要對《普賢行願品》的功德產生懷疑。愚者遇到甚深法門時經常產生懷疑，《入大乘論》中說：「鈍智心狹劣，聞則懷驚疑，真是佛子者，能知其甚深。」智慧愚鈍、思想狹隘者聽到《普賢行願品》的功德後確實很容易產生懷疑，只有具足廣大智慧者才會誠信不疑。

學習這個偈頌以後，大家應該發願今生乃至生生世世念誦《普賢行願品》。有些道友在念誦方面很不錯，不管到哪裡都帶著課誦集，每天都念誦非常有加持力的經文。而個別散亂的人沒有任何念誦，外出時什麼法本都不帶，每天非常輕鬆。也許他們是真正的大修行人，法本都裝在光明智慧中了，所以不需要帶很多書，從外在行為也不難看出，他們已經現前了赤裸裸的覺性。對於這種「大修行人」，我們當然應該觀清淨心。但如果是一般的人，每天還是要有念誦功課。

甲三（末義）分二：一、成就一切大願；二、迴向往生清淨剎土。

乙一、成就一切大願：⑤

> 若人誦此普賢願，我說少分之善根，
> 一念一切悉皆圓，成就眾生清淨願。

---

⑤此偈藏譯為：「我今發此賢行願，隨有所積少分善，願彼有情諸善願，剎那一切悉相應。」

如果有人念誦此《普賢行願品》，我（普賢菩薩）說此人以少分善根便能於一念中圓滿一切發願，能令一切眾生所發的清淨大願成就。

只要念誦《普賢行願品》，依靠法性諦實力、諸佛菩薩的加持力，眾生發下的幸福快樂、清淨戒律等各種善願都會輕而易舉實現。現在我們經常可以看到，為了世界和平、人民幸福、眾生離苦得樂，十方的高僧大德經常通過《普賢行願品》迴向，這樣做非常有必要。

發願的力量是不可思議的，所以大家要重視發願。《文殊根本續》說：「諸法即緣故，住於意樂上，何處發何願，彼等定成就。」（諸法都是建立在緣起上的，而緣起又是建立在意樂上的，不管在什麼地方發了什麼願，這些願必定會成就。）現在發願守持清淨的戒律，來世必定會成為守持清淨戒律者。現在發願通過布施利益眾生，來世也會實現這種發願。如果是願大力大的人，甚至即生就能實現發願。比如你經常猛厲地發願：我要建立一個道場，我要利益很多眾生……雖然你是一個普通人，這些大願後來也會奇蹟般地實現。

今後如果大家到了僧眾聚會的場合，或者到了前輩高僧大德、諸佛菩薩加持過的聖地，或者見到有加持力的佛像、佛塔、佛經，或者拜見大成就者，首先要作一些供水、供燈、供香等供養，然後要鄭重地發願。不能僅僅求一求加持，然後什麼願都不發。當然，在這個時

候千萬不能發惡願，否則這些惡願將來也會實現。從歷史上看，很多人就是因為發了惡願，所以後來造下了彌天大罪。

作為大乘行者，發願或者迴向必須是為了利益眾生，而且不僅是利益個別眾生，應該是利益一切眾生。以前一個農夫的妻子去世了，他請無相禪師為亡妻誦經超度。佛事完畢後，農夫問：「禪師，我妻子能從這次佛事中得到多少利益？」禪師說：「佛法如慈航普渡，不只你妻子可以得到利益，一切有情都能得到利益。」農夫不高興地說：「我妻子非常嬌弱，其他眾生也許會占她便宜，把她的功德奪去。能否請您把善根只迴向給她，不要給其他眾生？」禪師開導農夫：「如果將善根迴向給一切眾生，就像陽光普照大地，既能利益無量眾生，你妻子也不會有任何損失，這樣何樂而不為呢？」農夫聽後勉強答應了，但又提出一個條件：「我的鄰居姓趙，這個人經常害我，你在迴向一切眾生時可不可以把他排除在外？」禪師以嚴厲的口吻說：「既然是一切眾生，哪裡來的排除在外？」農夫聽後一片茫然。很多世間人就是這個農夫的心態，迴向善根時希望自己貪執的人多得一點功德，不希望自己討厭的人得到功德，甚至個別沒有真正發起菩提心的大乘行人也是這樣的。這種有親怨分別的迴向就是有毒的迴向。今後大家在迴向善根時最好安住於無緣的境界中，如果做不到這樣，也

普賢行願品講記

要想到：普賢菩薩和文殊菩薩怎樣迴向，我也如是迴向。普賢菩薩和文殊菩薩不會將善根只迴向給家人親友，更不會排除損害過自己的人。如果迴向時真要排除損害過自己的眾生，那一個一個算下來，最後可能剩不下幾個人了。

　　初學佛者對佛教的道理不太懂，往往以自私或者偏執的想法來迴向善根，其實這樣迴向所得的功德很小。如果能以廣大心迴向善根，比如自己讀誦、思維《普賢行願品》以後，發願讓所有眾生獲得這些善根，尤其是與自己關係不好的眾生獲得這些善根，這樣迴向不僅功德很大，而且自己會很快獲得成就。

　　乙二、迴向往生清淨剎土：
　　　　我此普賢殊勝行，無邊勝福皆迴向，
　　　　普願沉溺諸眾生，速往無量光佛剎。
　　我對《普賢行願品》做了聞思修行等殊勝的法行，由此出生了無邊的殊勝福德，這些福德都迴向給沉溺輪迴苦海的眾生，願他們很快往生無量光佛的剎土。

　　《普賢行願品》的功德無法用世間的語言真實描述，只要念一遍、修一遍《普賢行願品》，都能獲得無量的功德。在漢文譯本中，偈頌和長行文加在一起，整個《普賢行願品》共有五千來字，清涼國師稱其為「小華嚴經」，並說「此經（即《普賢行願品》）文少義

豐，實修行之玄樞，乃華嚴之幽鍵」。在漢地，有念一遍《普賢行願品》功德等同念一遍《華嚴經》的說法。藏文《華嚴經》有四函，最後一函中有《普賢行願品》。以前我去五台山時花很長時間對照了藏文和漢文的《華嚴經》，由此對《普賢行願品》生起了極大信心。我經常想：即使其他什麼法都不會修，光是每天不斷地念誦《普賢行願品》，這個功德也是不可思議的。

藏地和漢地的很多高僧大德異口同聲地說，念《普賢行願品》者臨終絕對會往生極樂世界。長行文中說：「又復是人臨命終時，最後剎那，一切諸根悉皆散壞，一切親屬悉皆捨離，一切威勢悉皆退失。輔相大臣、宮城內外、象馬車乘、珍寶伏藏，如是一切無復相隨。唯此願王不相捨離，於一切時引導其前，一剎那中即得往生極樂世界，到已即見阿彌陀佛、文殊師利菩薩、普賢菩薩、觀自在菩薩、彌勒菩薩等，此諸菩薩色相端嚴，功德具足，所共圍繞。其人自見生蓮華中，蒙佛授記。得授記已，經於無數百千萬億那由他劫，普於十方不可說不可說世界，以智慧力隨眾生心而為利益。不久當坐菩提道場，降伏魔軍，成等正覺，轉妙法輪。能令佛剎極微塵數世界眾生發菩提心，隨其根性，教化成熟，乃至盡於未來劫海，廣能利益一切眾生。」

今天我找到了一本薩迦派某大德造的《普賢行願品講義》。這本講義中說：如果每天念三遍《普賢行願

187

品》，然後在阿彌陀佛像前發願好好行持善法，臨睡覺前修一遍往生法，這個人決定會往生極樂世界。看到這個說法，我已經心滿意足了。

很多高僧大德都非常重視《普賢行願品》。本煥老和尚直到105歲時，依然每天早上四點鐘起床，然後念幾十遍《普賢行願品》。薩迦班智達也終生修持《普賢行願品》，據說他曾經用天人的語言宣講過《普賢行願品》。這一世噶瑪巴用血和墨水混在一起抄寫過《普賢行願品》。本煥老和尚也用血抄寫過《普賢行願品》。這麼多高僧大德都以各種方式串習《普賢行願品》，各位道友就更要好好修持《普賢行願品》了。我相信，只要大家在有生之年如理修持此法，臨終時依靠普賢願王一定會順利往生極樂世界。

法王如意寶生前曾說過：「現在我對什麼都不希求，但對僧眾每天能念誦一遍《普賢行願品》卻有強烈的希求心。如果僧眾每天能如法念一遍《普賢行願品》，我住在世間也覺得有意義。」我對這個金剛語至今記憶猶新。

學習佛法的因緣是非常難得的，我們不一定有經常聽《普賢行願品》的機會，這次是我第一次用漢語講《普賢行願品》，也許是最後一次講。在這次講課期間，我說的語言也許有人相信，也許有人不相信，但不相信的人沒有理由，因為我有教證和理證的依據。因

此，希望大家誠信《普賢行願品》的不可思議功德。有些人如果前世是從旁生、餓鬼、地獄道來的，今生對這麼甚深的願文不一定能誠信，這些人只有好好懺悔之後才會逐漸生起信心。但不管怎麼樣，今生能聽到這個法門、看到這個法本，也算是有善緣者。因此，希望大家好好修持《普賢行願品》，如果自己有一定的能力，只要不是出於自私自利心和自我宣傳的目的，哪怕有一個聽眾也要傳講此法。《大寶積經》中說：「若有菩薩摩訶薩以滿無邊世界珍寶施諸佛如來，若有菩薩以大悲心為一眾生說四句偈，功德勝彼。」很多人都沒有以無量珍寶供養諸佛的能力，但如果你能找到一個弟子，那給他講一遍《普賢行願品》，這個功德就超過供養諸佛了。如果有的弟子實在不願意聽法，你可以用四攝法引導他：「我給你一萬塊錢，你可不可以聽一遍《普賢行願品》？」這樣說以後，也許他就會聽了。總之，大家應該想辦法攝受弟子，一輩子至少傳講一遍《普賢行願品》。如果沒有這個機會，自己可以觀想並給非人講一遍。我的這些話有些是開玩笑，有些真是這麼想的。所以大家要好好修持並且弘揚《普賢行願品》。

　　到今天為止，我已經圓滿傳講了《普賢行願品》，你們能聽我講課，也算是給我創造了講法的機緣，我也發自內心地感謝你們，同時也感謝很多非人鬼神來聽課。

普賢行願品講記

最後，以這次講聞《普賢行願品》的功德，迴向給天下所有的眾生，願他們獲得暫時和究竟的安樂。

第十二課

思考題

第一課

1· 簡單介紹《華嚴經》各個譯本的翻譯情況。

2· 普賢菩薩宣說《普賢行願品》的緣起是什麼？

3· 解釋經題：《大方廣佛華嚴經.入不思議解脫境界普賢行願品》。

4· 介紹《普賢行願品》的譯者。

5· 解釋「所有十方世界中，三世一切人師子，我以清淨身語意，一切遍禮盡無餘。」

6· 以教證說明禮佛有何功德。

7· 意頂禮有哪三種？

8· 解釋「各以一切音聲海，普出無盡妙言辭，盡於未來一切劫，讚佛甚深功德海。」

第二課

1· 供養分幾種？請分別解釋其意義。

2· 結合教證說明什麼是最無上的供養。

3· 解釋「我昔所造諸惡業，皆由無始貪嗔癡，從身語意之所生，一切我今皆懺悔。」

4· 解釋「十方一切諸眾生，二乘有學及無學，一切如來與菩薩，所有功德皆隨喜。」

5· 請轉法輪有何必要？我們應該怎樣請轉法輪？

普賢行願品講記

第三課

1‧我們為什麼要祈請佛陀和高僧大德住世？祈請他們住世有何必要？

2‧對於如來示現涅槃，大家應該有什麼樣的認識？

3‧什麼是迴向？作為大乘行者，我們應當如何迴向？

4‧解釋「十方所有諸眾生，願離憂患常安樂，獲得甚深正法利，滅除煩惱盡無餘。」

第四課

1‧為什麼要發願恆常具足宿命通？

2‧為什麼要發願恆常出家？

3‧解釋無垢、無破、無穿漏。

4‧解釋「於諸惑業及魔境，世間道中得解脫，猶如蓮華不著水，亦如日月不住空。」

第五課

1‧什麼是隨順眾生？為什麼要隨順眾生？

2‧什麼是同行者？請結合教證說明同行道友的重要性。

3‧令善知識歡喜有何必要？我們應該怎樣令善知識生起歡喜心？

4‧解釋「願持諸佛微妙法，光顯一切菩提行，究竟

清淨普賢道，盡未來劫常修習。」

5‧複述勝鬘夫人的三個大願。

第六課

1‧解釋「我於一切諸有中，所修福智恆無盡，定慧方便及解脫，獲諸無盡功德藏。」

2‧對於「一塵中有塵數剎，一一剎有難思佛，一一佛處眾會中，我見恆演菩提行」所描述的不可思議境界，你如何從理論上予以解釋？

3‧佛的語言具足那些特點？

4‧為什麼佛的語言比佛的色身更為重要？這對我們依止善知識有何啟發？

5‧以何途徑才能趣入諸佛所說之法？為什麼？

第七課

1‧你如何理解「入於未來一切劫」？怎樣才能獲得這種境界？

2‧阿底峽尊者所說的公案中蘊含了什麼樣的道理？學習這個公案後，你對生活有何感想？（可結合自己的人生經歷加以發揮）

3‧解釋「速疾周遍神通力，普門遍入大乘力，智行普修功德力，威神普覆大慈力，遍淨莊嚴勝福力，無著無依智慧力，定慧方便威神力，普能積集菩提力。」

普賢行願品講記

第八課

1 · 什麼是有漏業？怎樣才能清淨有漏業？

2 · 什麼是四魔？如何降伏諸魔？

3 · 列舉菩薩的八種廣大事業。

4 · 為什麼說普賢菩薩是諸佛的長子？

5 · 普賢菩薩具有什麼樣的不共功德？請結合教證加以說明。

第九課

1 · 解釋「願身口意恆清淨，諸行剎土亦復然，如是智慧號普賢，願我與彼皆同等。」（要具體分析五種清淨）

2 · 解釋「文殊師利勇猛智，普賢慧行亦復然，我今迴向諸善根，隨彼一切常修學。三世諸佛所稱歎，如是最勝諸大願，我今迴向諸善根，為得普賢殊勝行。」

第十課

1 · 默寫發願往生淨土的偈頌並解釋其意義。

2 · 從「乃至虛空世界盡，眾生及業煩惱盡，如是一切無盡時，我願究竟恆無盡」這個偈頌，你對大乘的理念有什麼樣的認識？

3 · 既然眾生沒有邊際，那實際上眾生不可能度盡，既然如此，發願度盡眾生是不是一種狂妄心呢？為什麼？

第十一課

1・以對比顯示《普賢行願品》的殊勝福德。

2・結合「即常遠離惡知識，永離一切諸惡道，速見如來無量光，具此普賢最勝願」詳細宣說修持普賢願王的利益。

3・在「獲得等同普賢菩薩之功德」這個科判中，具體講了哪些修持普賢大願的功德？

4・結合偈頌和長行文談談《普賢行願品》在淨除業障方面的功效。

第十二課

1・修持普賢行願有哪些世間異熟果報？

2・以坐菩提道場、降伏諸魔眾、成等正覺、轉法輪這四相來宣說修持普賢行願的出世間果報。

3・寫一篇關於《普賢行願品》的學習心得，字數不限。

普賢行願品講記

思
考
題

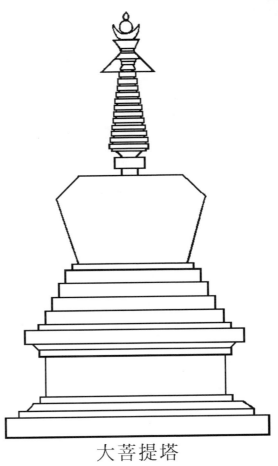

大菩提塔